Computer Bild

Computent statt compliziert

D1984318

Prinz & Willeke

T-Online

kompakt und verständlich

So Gates weiter!

Computenz compact. Diese Neuerscheinungen sowie 20 weitere Titel sind jetzt im Handel erhältlich:

Die ganze Welt online!

Ab ins Datennetz!

Schöne, neue Welt!

Internet ganz einfach!

Der Bestseller: Teil 2!

Word 97 leichtgemacht!

Die COMPUTER BILD Bücher: kompakt, verständlich, durchgehend vierfarbig. Jedes Buch hat 112 Seiten und kostet 9,90 DM.

Computer Bild

Ullstein Taschenbuchverlag

1 Überblick – T-Online im Überblick 6

2 Installation – Installation und Konfiguration 9

3 Bedienung – Umgang mit der T-Online-Software 21

4 Streifzug – Streifzug durch T-Online 37

5 E-Mail – Elektronische Post 49

6 Online-Banking – Online-Banking mit T-Online 67

7 Internet – Mit T-Online ins Internet 83

8 Optimieren – T-Online-Software optimal anpassen 89

Anhang 98

Zu diesem Buch

Thomas Hoffmann
Herausgeber

Am Anfang war BTX. Doch der Ende der 80er Jahre gestartete Bildschirmtext - so die Langform - der damaligen Deutschen Bundespost wollte nicht so recht ins Laufen kommen. Dann benannte man den Datendienst in Datex-J um, und der Computer brachte mehr Leben in die „Bude". Inzwischen heißt der Dienst T-Online, und der dafür zuständige Telefonbereich der Deutschen Bundespost firmiert heute unter Deutsche Telekom. Mittlerweile verleiht der immer breitere Einsatz von Computern auch in den Privathaushalten dem deutschen Online-Dienst Flügel.

Großgeworden ist der Datendienst mit den vielen Namen durch Homebanking. Fast alle Geldinstitute mit diesem Angebot wickeln das Kontogeschäft über T-Online ab. Zweites Standbein ist seit einiger Zeit das Internet. Als Zugangsvermittler zum weltweiten Datennetz war T-Online lange Zeit als einziger auch vom platten Land aus zum Ortstarif erreichbar. Computer, Modem oder ISDN-Anschluß und das T-Online-Zugangsprogramm - mehr ist nicht nötig für die Auffahrt zur internationalen Datenautobahn.

Um die T-Online-Software geht es in diesem Buch. Sie erfahren, wie Sie sie auf Ihrem Computer optimal einrichten und damit in das T-Online-eigene Informationsangebot oder ins Internet gelangen. Auch das Versenden und Empfangen elektronischer Post (E-Mail) wird Schritt für Schritt erklärt. Breiten Raum nimmt darüber hinaus das Homebanking ein, damit Sie Ihr Geld unbesorgt der Telefonleitung anvertrauen können. Und: Die aktuelle Version der T-Online-Software finden Sie auf CD-ROM im Buch.

1 T-Online im Überblick

T-Online ist der größte und auch älteste **Online-Dienst** in Deutschland. Fast 3 Millionen Teilnehmer nutzen den Datendienst der Deutschen Telekom.

Bundesweit können Sie sich bei T-Online zum „eco“-Tarif (siehe Seite 8) einwählen. Unter der Rufnummer 0191011 erhalten Sie mit bis zu 33 600 Bit/s (analoges **Modem**) beziehungsweise 64 000 Bit/s (**ISDN**-Verbindung) Zugang zu T-Online. Der flächendeckende Zugang zum Ortstarif war einer der Gründe, der T-Online zum Erfolg führte. Hinzu kam die hohe Sicherheit, die T-Online-Anwender beim Zugriff auf den Online-Dienst haben, was gerade bei Bankgeschäften unabdingbar ist. Deshalb entwickelte sich das Online-Banking sehr rasch zu einer Domäne von T-Online, und so ist es denn auch kein Wunder, daß heute alle großen Geldinstitute Deutschlands hier vertreten sind und ihren Kunden die direkte Verwaltung ihrer Konten ermöglichen.

Die traditionelle Darstellung von T-Online erfolgte im **CEPT**-Zeichensatz, mit dem es unter dem Namen BTX seinen Siegeszug antrat. Zwar ist der CEPT-Zeichensatz in seinen Darstellungsmöglichkeiten begrenzt, doch sein großer Vorteil bestand von Anfang an in der raschen Übertragung von Inhalten. Dies war vor allem zu einer Zeit, da schnelle Modems und ISDN-Anschlüsse noch nicht verfügbar waren, ein wichtiges Argument.

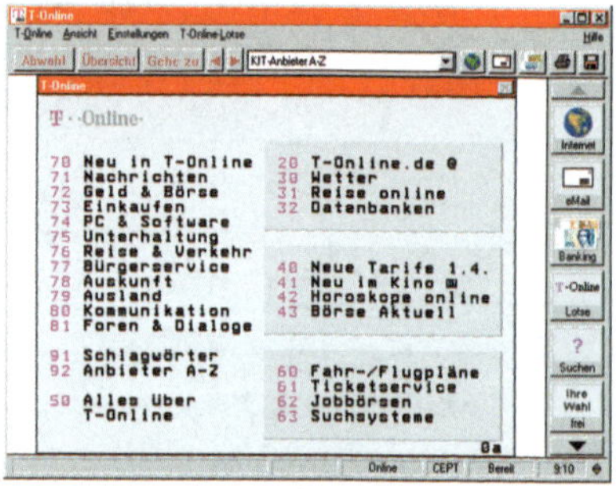

Heute unterstützt T-Online mit **KIT** und **HTML** auch die ausgefeilte grafische Darstellung von Seiten.

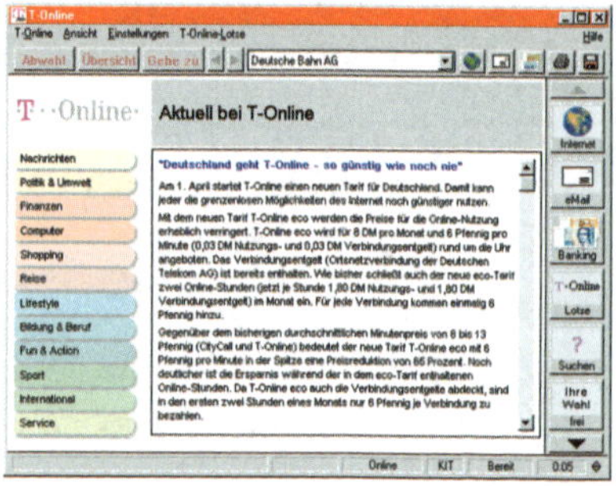

Für die Anwahl und die Darstellung der Inhalte stellt T-Online seinen Kunden eine eigene Software zur Verfügung, die Sie auf der beigelegten **CD-ROM** dieses Buches finden. Diese Software unterstützt Sie auch beim Schreiben elektronischer Nachrichten, sogenannter E-Mails, und bei der Verwaltung Ihrer Bankgeschäfte.

Falls Sie noch nicht zu den Teilnehmern von T-Online gehören sollten, können Sie mit Hilfe der CD-ROM in diesem Buch T-Online-Teilnehmer werden.

T-Online und Internet

Das **Internet** ist in aller Munde, und auch T-Online bietet selbstverständlich Zugang zum Internet. Neben den Telefonkosten sowie den normalen T-Online-Gebühren fallen hierbei keine weiteren Kosten an. Sie können jederzeit auf die weltweiten Informationen des Internets zugreifen. Damit das funktioniert, sind auf der T-Online-CD die beiden WWW-**Browser** Netscape Navigator von Netscape und Internet Explorer von Microsoft enthalten. Während Sie im Internet Daten übertragen, können Sie ohne zusätzliche Kosten gleichzeitig im Basisangebot von T-Online surfen – Sie erhalten also zwei Dienste zum Preis von einem.

Das Basisangebot von T-Online ist aus dem Internet heraus nicht anwählbar. Dies ist jedoch kein Nachteil, denn dadurch wird zweifellos eine höhere Sicherheit gewährleistet. Online-Banking innerhalb von T-Online ist deshalb eindeutig sicherer als Telebanking über das Internet.

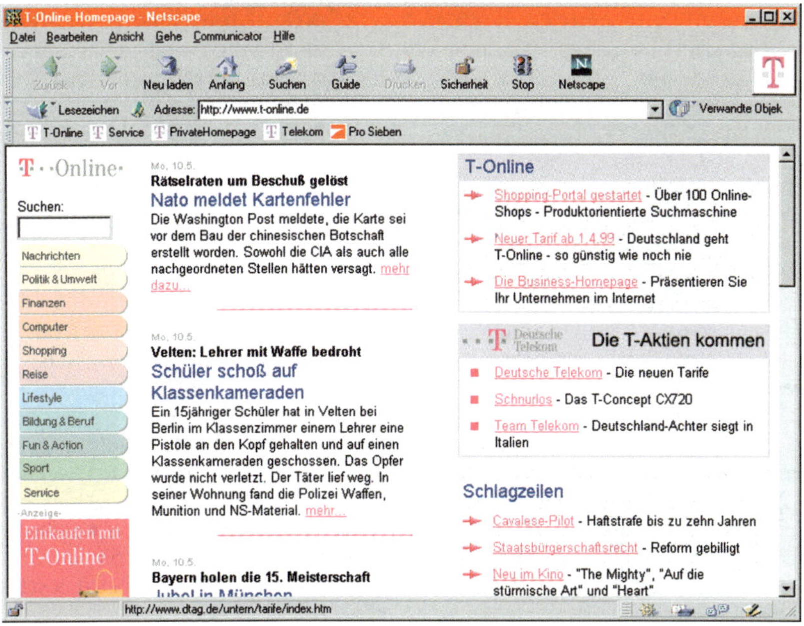

Mit diesen Kosten müssen Sie rechnen

Die Kosten zur Nutzung von T-Online setzten sich aus mehreren Bestandteilen zusammen. Monatlich fällt eine Grundgebühr von 8 Mark für die Zugangskennung an. Während beim Tarif „eco“ (Verbindungsnummer 0191011) die Verbindungsentgelte eingeschlossen sind, werden diese beim Tarif „pur“ (Zugangsnummer 019104981) separat berechnet. Bei beiden Tarifen kostet der Verbindungsaufbau 6 Pfennig.

Bei T-Online „eco“ werden Nutzungs- und Verbindungsentgelt mit 6 Pfennig pro Minute gemeinsam abgerechnet (3 Pfennig Nutzungs- und Verbindungsentgelt der Deutschen Telekom AG). In der Grundgebühr des „eco“-Tarifs sind zwei Online-Stunden im Monat enthalten, so daß jeden Monat erst ab der 121. Benutzungsminute gezahlt werden muß. In diesem Zeitraum fallen beim „eco“-Tarif nur 6 Pfennig je Verbindungsaufbau an.

T-Online „pur“ berechnet nur das Nutzungsentgelt mit 3 Pfennig pro Minute, enthält also kein Verbindungsentgelt. Kunden, die sich für den „pur“-Tarif entscheiden, müssen die Verbindungsentgelte an ihren Telekommunikationsanbieter separat bezahlen. In der Grundgebühr des „pur“-Tarifs sind daher vier Online-Stunden – allerdings ohne Verbindungsgebühr – im Monat enthalten. Abgesehen von der 6-Pfennig-Gebühr für den Verbindungsaufbau muß die T-Online-Nutzung erst ab der 241. Minute im Monat gezahlt werden. Die Verbindungsentgelte an den Telekommunikationsanbieter bleiben von dieser Regelung unberührt und müssen vom Anwender selbst in Erfahrung gebracht werden.

Neben diesen Grundgebühren können weitere Kosten anfallen. Viele **Anbieter** im klassischem Bereich von T-Online erheben ein zusätzliches Entgelt für die Bereitstellung von Informationen. Diese Gebühren können auf verschiedene Weise erhoben werden: Entweder der Anbieter verlangt ein einmaliges Entgelt (seitenabhängige Gebühr) zwischen 1 Pfennig und maximal 9,99 Mark.

Oder aber es werden auch hier zeitabhängige Gebühren zwischen 1 Pfennig und 1,30 Mark pro Minute zusätzlich zu den Zeittaktkosten von T-Online berechnet. Das kann natürlich extrem teuer werden: Bedenken Sie, daß bei einer Gebühr von 1,30 Mark pro Minute in der Stunde Kosten in Höhe von 78 Mark anfallen!

Im günstigsten Fall zahlen Sie also beim „eco“-Tarif lediglich 3,60 Mark pro Stunde. Wenn Sie allerdings ein Angebot mit zeitabhängigen Gebühren nutzen, können insgesamt durchaus Kosten von über 80 Mark pro Stunde entstehen. Sie sollten es sich daher gründlich überlegen, ob und wie lange Sie ein Angebot nutzen.

Übrigends: Damit der Gebührenzähler nicht ohne Ihr Wissen arbeitet, werden Sie vor dem Aufruf eines Angebots mit seiten- oder zeitabhängigen Gebühren auf die anfallenden Kosten hingewiesen und müssen diese ausdrücklich bestätigen.

2 Installation und Konfiguration

Bevor Sie T-Online nutzen können, müssen Sie die Kommunikationssoftware T-Online 2.0 installieren. Zusätzlich zur eigentlichen T-Online-Software können Sie hierbei einen WWW-**Browser** installieren. Dabei haben Sie die Wahl zwischen den Browsern der Firma Netscape (Netscape Navigator) und der Firma Microsoft (Internet Explorer).

Die **Installation** mit Hilfe der T-Online-CD dürfte nur wenige Minuten in Anspruch nehmen. Danach können Sie direkt auf die Daten-Autobahn auffahren.

Wenn Sie bereits T-Online-Teilnehmer sind, sollten Sie während der Installation Ihre Zugangsdaten mit der Anschlußkennung und Ihrem persönlichen Kennwort bereithalten.

Im zweiten Kapitel erfahren Sie,

- wie Sie die T-Online-Software 2.0 installieren,
- wie Sie den Zugang zu T-Online konfigurieren,
- wie Sie ein **Modem** ansteuern,
- wie Sie T-Online mit **ISDN** anwählen,
- und wie Sie sich bei T-Online anmelden.

Kapitel-Wegweiser

Modem installieren

Bevor Sie mit der Installation der T-Online-Software beginnen, müssen Sie zunächst ein Modem oder eine ISDN-Karte installieren. Denn ohne eines der beiden Geräte können Sie Ihren Rechner nicht mit T-Online verbinden.

Die Installation eines Modems geht in der Regel sehr einfach.

1 Beenden Sie zunächst Windows 95 oder 98, und schalten Sie danach den Computer aus.

2 Verbinden Sie nun das Modem mit Ihrem Computer, und schließen Sie das Modem an die Telefonsteckdose an. Schließlich fehlt nur noch die Verbindung mit dem Stromnetz.

3 Falls sich am Modem ein Ein-/Ausschalter befindet, müssen Sie diesen drücken, um das Modem einzuschalten.

4 Schalten Sie jetzt auch den Computer ein. Je nach Modem erkennt Windows 95/98 das neue Gerät bereits beim Start. In diesem Fall werden Sie zur Auswahl eines Treibers aufgefordert.

Wenn mit dem Modem eine Treiberdiskette ausgeliefert wurde, legen Sie diese nun ein und installieren den **Treiber** von der Diskette.

5 Die Installation des Modems ist hiermit abgeschlossen, und Sie können mit der Installation der Software beginnen

! Grundinstallation

Die hier beschriebene Vorgehensweise beschränkt sich auf die Grundschritte. Die dem Modem beiliegende Dokumentation geht genauer auf die Installation ein. Auch Programme, die dem Modem eventuell beiliegen, werden im Handbuch näher erläutert.

ISDN-Karte installieren

Die Installation einer **ISDN-Karte** gestaltet sich etwas komplizierter, da Sie die Karte in den Rechner einbauen müssen. Beachten Sie also unbedingt die Hinweise im Handbuch zu Ihrer ISDN-Karte!

1 Beenden Sie Windows 95/98, und schalten Sie den Computer aus.

2 Entfernen Sie den Netzstecker aus Ihrem Computer.

3 Lösen Sie die Schrauben des Gehäuses Ihres Computers, und nehmen Sie das Gehäuse ab.

4 Jetzt stecken Sie die ISDN-Karte in den entsprechenden freien Schacht auf der Hauptplatine Ihres Computers.

5 Schrauben Sie die Karte am Gehäuse fest, schließen Sie das Gehäuse, und schrauben Sie es wieder zu.

6 Verbinden Sie mit dem beiliegenden Kabel die ISDN-Karte mit dem NTBA Ihres ISDN-Anschlusses oder der Telefonanlage.

7 Stecken Sie den Netzstecker in Ihren Computer, und schalten Sie den PC wieder ein.

8 Anschließend legen Sie Diskette oder CD mit der Treibersoftware für die ISDN-Karte ein und installieren den sogenannten **CAPI-Treiber**. Über den CAPI-Treiber stellt die T-Online-Software die Kommunikation mit der ISDN-Karte her. T-Online unterstützt hierbei die beiden CAPI-Standards CAPI 1.1 und CAPI 2.0.

9 Die Installation der ISDN-Karte ist damit abgeschlossen, und Sie können mit der Installation der T-Online-Software beginnen.

Software installieren

Wichtig vorab: Beachten Sie, daß die T-Online-Software eine gewisse Mindestanforderung an Ihren Computer stellt. Für die Teilnahme an T-Online sollte Ihr Computer mindestens über folgende Ausstattung verfügen:

- **Prozessor**: ab 486/33
- **Arbeitsspeicher**: ab 16 MB
- freier Festplattenspeicher: etwa 65 MB für die Installation aller Komponenten
- Grafikkarte: VGA-Grafikkarte mit mindestens 640x480 Bildpunkten und mindestens 256 Farben sowie ein passender Monitor
- Betriebssystem: Windows 3.x, Windows 95 oder 98, Windows NT 4.0 oder OS/2
- Modem oder ISDN-Adapter
- CD-ROM-Laufwerk

1 Öffnen Sie die Schublade zu Ihrem CD-ROM-Laufwerk, und entnehmen Sie eine eventuell noch eingelegte **CD-ROM**.

2 Legen Sie die T-Online-CD-ROM in das CD-ROM-Laufwerk, und schließen Sie die Schublade.

Nach wenigen Augenblicken startet die auf der CD enthaltene Software automatisch.

! CD von Hand starten

Falls Sie die automatische Benachrichtigung beim Wechsel von CD-ROMs deaktiviert haben, startet die CD nicht automatisch. In diesem Fall müssen Sie sie von Hand starten.

Klicken Sie zunächst auf dem Desktop mit der linken Maustaste doppelt auf das **Symbol**

.

Im sich nun öffnenden Arbeitsplatz klikken Sie – wiederum mit der linken Maustaste doppelt – auf das Symbol

.

3 Zunächst wird der Willkommen-Bildschirm der T-Online-CD dargestellt. Klicken Sie mit der linken Maustaste auf das Symbol

.

4 Daraufhin wird eine kleine Animation von T-Online vorgeführt.

Klicken Sie mit der linken Maustaste an eine beliebige Stelle innerhalb des Videos.

5 Jetzt folgt eine neue Show, in der Ihnen die Möglichkeiten von T-Online erklärt werden. Mit einem linken Mausklick an eine beliebige Stelle beenden Sie auch diese Darstellung.

6 Auf der linken Seite des folgenden Fensters erscheint nun eine **Menüleiste**.

Klicken Sie mit der linken Maustaste auf den Eintrag

.

7 Bestätigen Sie Ihre Auswahl mit einem Klick auf die Schaltfläche

8 Lesen Sie sich den Lizenzvertrag zu T-Online durch, und klicken Sie mit der linken Maustaste auf die Schaltfläche

, um dem Lizenzvertrag zuzustimmen. Nur

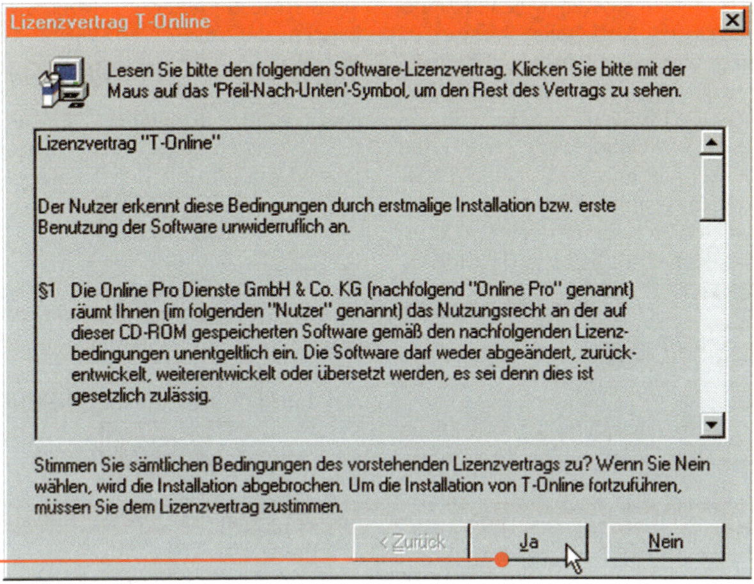

wenn Sie dem Lizenzvertrag zustimmen, können Sie mit der Installation der Software fortfahren.

9 Im nachfolgenden Dialogfenster

Rechstgrundlagen T-Online

können Sie Geschäftsbedingungen und Nutzungsbedingungen sowie weitere Informationen einsehen. Um mit der Installation fortzufahren, klicken Sie auf die Schaltfläche

[Ja >].

Hiermit akzeptieren Sie gleichzeitig die Geschäfts- und Nutzungsbedingungen von T-Online.

10 Als nächstes folgt der Willkommen-Bildschirm, den Sie mit einem Klick auf die Schaltfläche

[Weiter >]

überspringen können.

11 Im Dialogfenster

Zielverzeichnis

legen Sie das Verzeichnis fest, in das Sie die T-Online-Software installieren möchten. Standardmäßig wird das Programm auf Laufwerk C in den **Ordner** „t_online“ installiert. Bestätigen Sie diese Einstellung mit einem Klick auf die Schaltfläche

[Weiter >].

12 Wählen Sie nun, welche Komponenten der T-Online-Software installiert werden sollen. Die Hauptelemente der Software sind bereits markiert und für die Installation vorgemerkt. Damit Sie mit T-Online auch im Internet surfen können, müssen Sie einen WWW-Browser auswählen. Klicken Sie den gewünschten Browser mit der linken Maustaste in der rechten Hälfte des Fensters an.

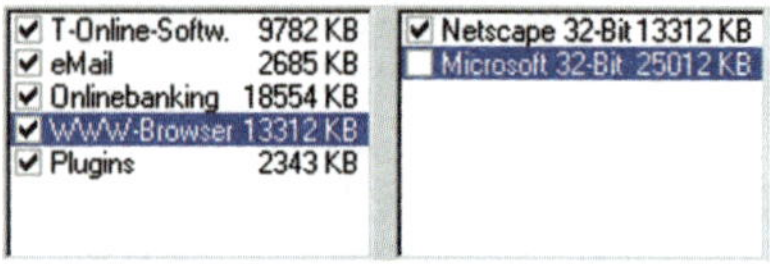

Wieviel Speicherplatz die von Ihnen ausgewählten Komponenten benötigen, können Sie am unteren Fensterrand erkennen.

Nachdem Sie sich für einen WWW-Browser entschieden haben, klicken Sie mit der linken Maustaste auf die Schaltfläche

.

13 Die T-Online-Software läßt sich über das **Start-Menü** von Windows 95/98 aus einem eigenen Programmordner starten. Bestätigen Sie diesen, und klicken Sie auf die Schaltfläche

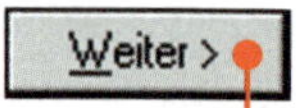

.

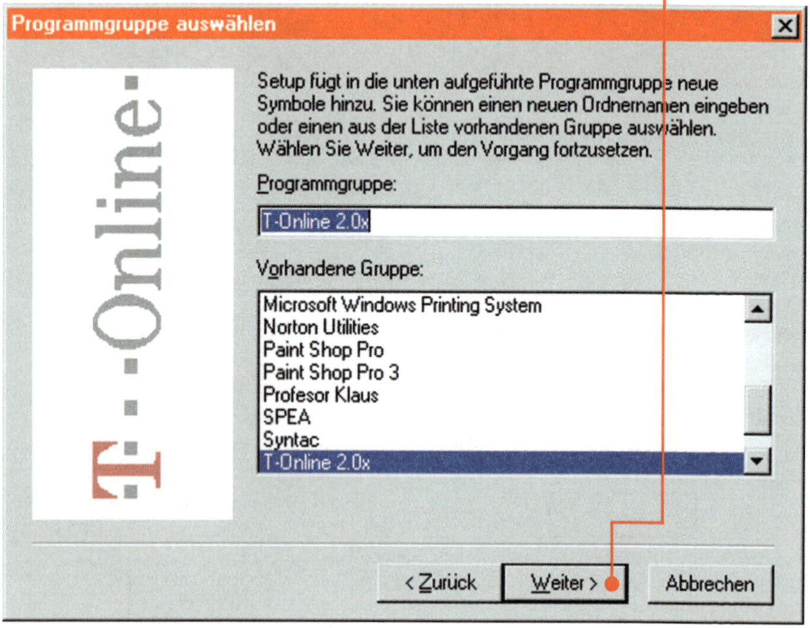

14 Falls Sie mit T-Online auch E-Mails verschicken möchten, geben Sie im nächsten Dialogfenster Ihre persönlichen Daten ein.

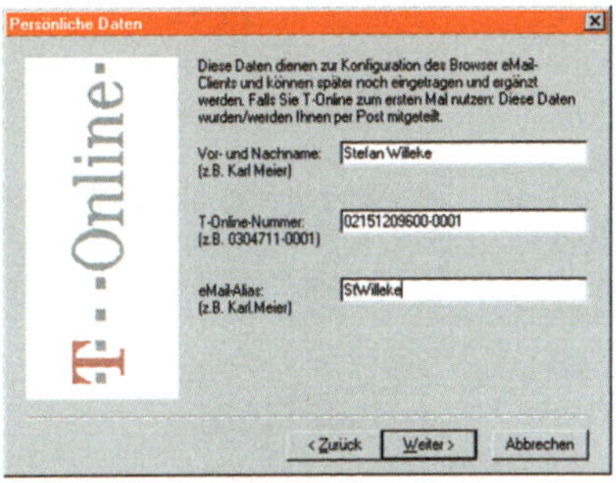

Mit einem Klick auf die Schaltfläche

Weiter >

gelangen Sie in das Dialogfenster

Dateien kopieren.

15 Hier können Sie noch einmal alle ausgewählten Komponenten überprüfen.

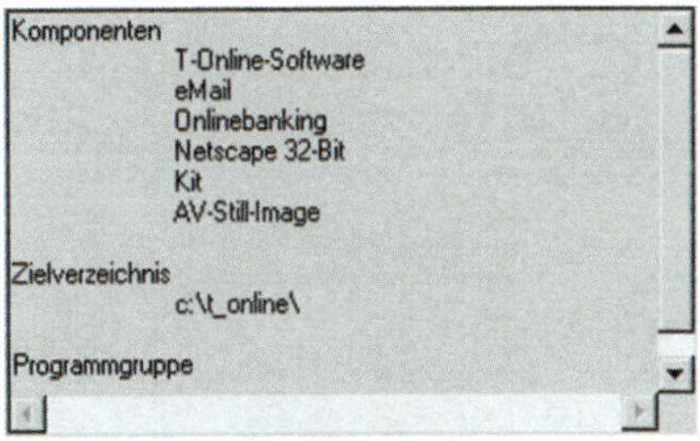

Klicken Sie auf die Schaltfläche

Weiter >,

um mit der eigentlichen Installation, dem Kopieren der Dateien auf Ihre Festplatte, zu beginnen.

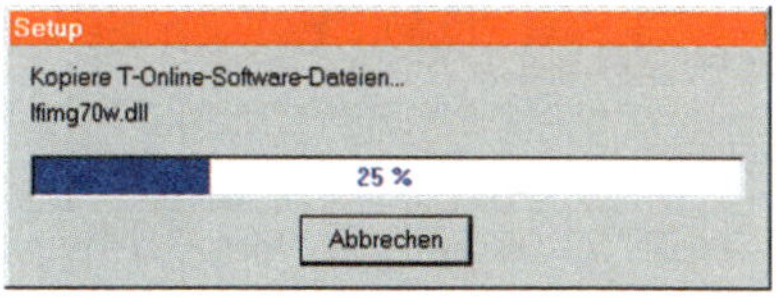

16 Nachdem die T-Online-Software auf die Festplatte kopiert wurde, wird nun die „Onlinebanking"-Software auf Ihren Computer übertragen.

Standardmäßig wird diese in den Ordner „OB20HBCI" auf dem Laufwerk C eingerichtet. Bestätigen Sie dies mit einem Klick auf die Schaltfläche

Weiter >.

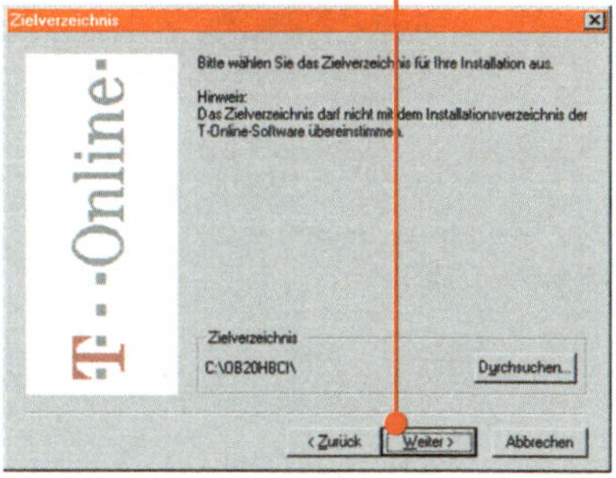

17 In der Regel wird die „Onlinebanking"-Software in dem gleichen Programmordner aufgerufen wie die T-Online-Software. Andernfalls geben Sie im Dialogfenster

Programmgruppe auswählen

eine neue Programmgruppe vor. Bestätigen Sie die Programmgruppe mit

Weiter >.

Die Software wird nun auf Ihren Computer übertragen.

18 Schließlich wird der von Ihnen ausgewählte WWW-Browser installiert. Mit

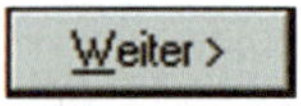

setzen Sie die Installation in Gang.

19 Bestätigen Sie das Lizenzabkommen mit einem Klick auf

.

20 Danach klicken Sie auf die Art der Installation, die Sie bevorzugen.

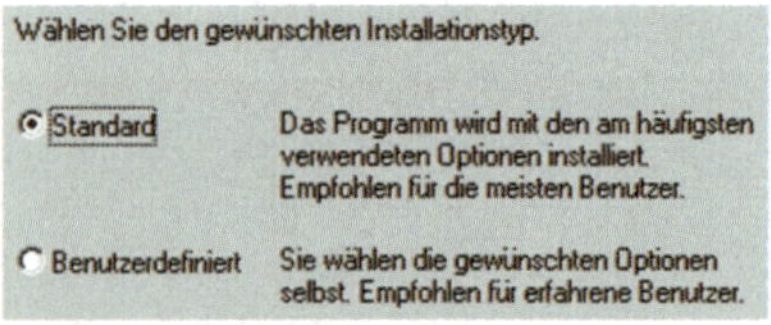

Wählen Sie gegebenenfalls ein anderes Zielverzeichnis für den Browser.

Wenn Sie auf die Schaltfläche

klicken, müssen Sie zunächst bestätigen, daß Sie das Zielverzeichnis neu anlegen möchten.

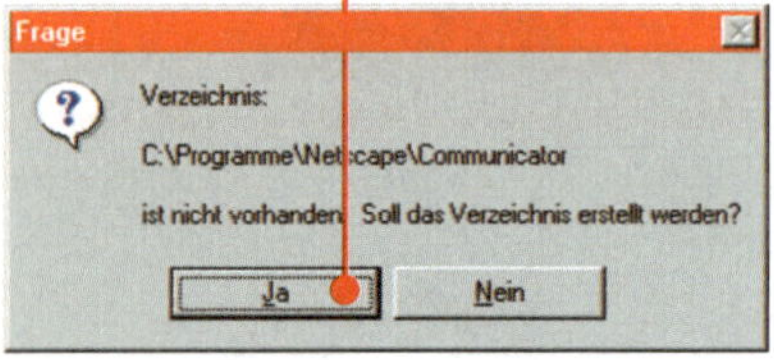

21 Wählen Sie jetzt den Programmordner, von dem aus Sie das Programm später manuell starten wollen. Wenn Sie keine Änderung vornehmen möchten, klicken Sie einfach auf die Schaltfläche

.

22 Überprüfen Sie im nächsten Dialogfenster noch einmal die ausgewählten Komponenten, und beginnen Sie die Installation mit einem Klick auf

.

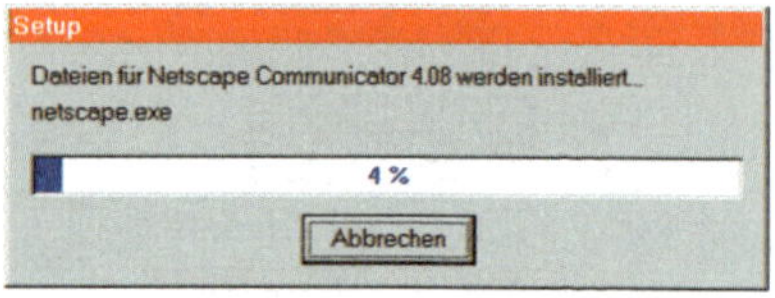

23 Nach Abschluß der Installation können Sie sich eine Info-Datei anzeigen lassen. Klicken Sie hierzu auf die Schaltfläche

.

Andernfalls überspringen Sie diese Datei mit einem Klick auf die Schaltfläche

.

Bestätigen Sie den Abschluß der Installation des Browsers mit einem Klick auf die Schaltfläche

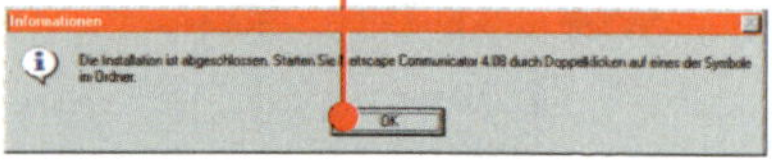

24 Als nächstes wird automatisch das KIT-Plugin installiert. Warten Sie, bis die Installation abgeschlossen wurde. Bestätigen Sie den Abschluß der T-Online-Installation mit einem Klick auf die Schaltfläche

.

25 Damit alle nötigen Änderungen im System vorgenommen werden können und Windows neu gestartet wird, bestätigen Sie das folgende Dialogfenster mit

.

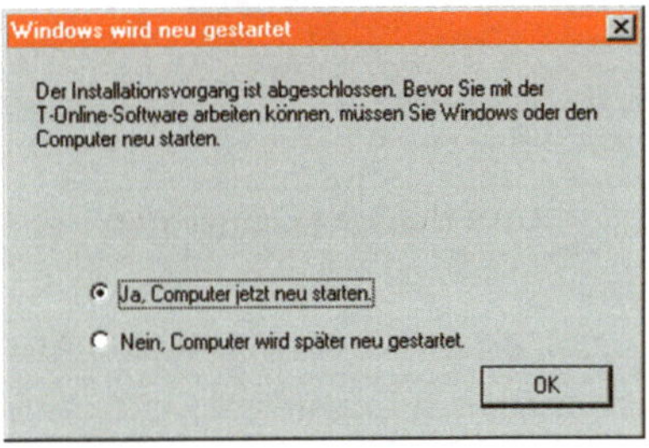

Nach dem Neustart können Sie mit der Konfiguration Ihres T-Online-Zugangs beginnen.

Die T-Online-Software starten

Um die T-Online-Software zu starten, gehen Sie wie folgt vor:

1 Klicken Sie in der Task-Leiste von Windows 95/98 auf das Symbol

.

2 Markieren Sie im geöffneten Start-Menü den Eintrag

3 Im geöffneten Programmordner klikken Sie jetzt auf die Programmgruppe

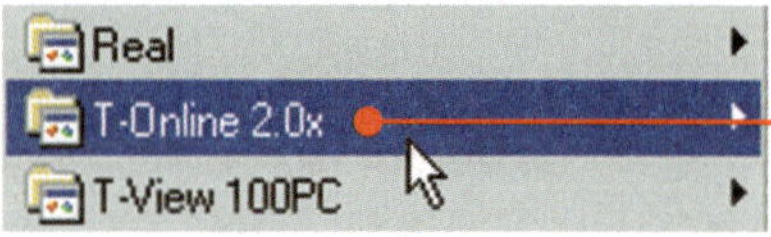

4 Wenn der Programmordner von T-Online dargestellt wird, klicken Sie auf das Symbol

.

Den T-Online-Zugang konfigurieren

Nachdem Sie die T-Online-Software das erste Mal gestartet haben, müssen Sie das Programm für die Anwahl von T-Online einrichten.

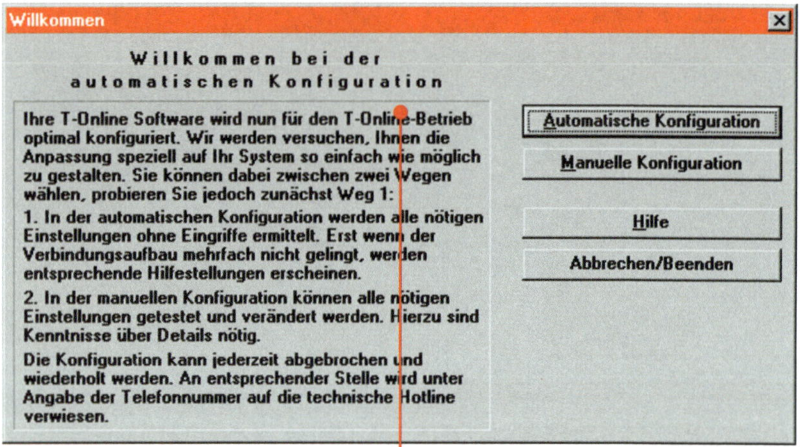

1 Nach dem ersten Programmstart der T-Online-Software erscheint ein Willkommensfenster, mit dem Sie das Programm für den T-Online-Betrieb konfigurieren können.

Klicken Sie für die automatische Konfiguration auf die Schaltfläche

Automatische Konfiguration

2 Legen Sie nun fest, ob Sie die Verbindung zu T-Online mit einem Modem oder einer ISDN-Karte aufbauen möchten.

- Für den Zugang mit einem Modem klicken Sie auf die Schaltfläche

Modem-Betrieb konfigurieren

- Für den Zugang mit einem ISDN-Gerät klicken Sie auf die Schaltfläche

ISDN-Betrieb konfigurieren

3 Als nächstes versucht die T-Online-Software, das angeschlossene Gerät zu identifizieren.

- Bei der Konfiguration für Modem-Betrieb fragt die T-Online-Software nun alle **seriellen Schnittstellen** nach angeschlossenen Modems ab.

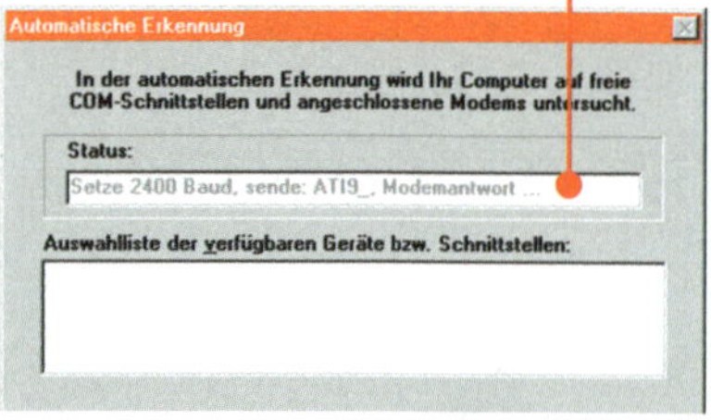

Nachdem alle Schnittstellen auf angeschlossene Modems überprüft wurden, erscheint eine Liste mit allen Geräten, die die Software gefunden hat.

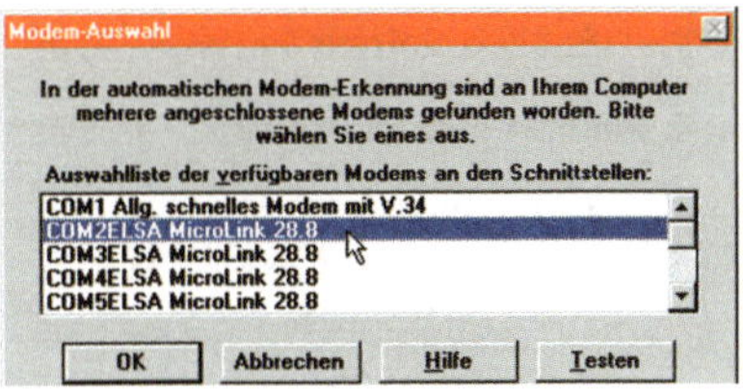

Markieren Sie das gewünschte Gerät, und klicken Sie auf die Schaltfläche

OK.

Für die Konfiguration einer ISDN-Verbindung überprüft die T-Online-Software zunächst, ob CAPI-Controller auf Ihrem Rechner angemeldet sind.

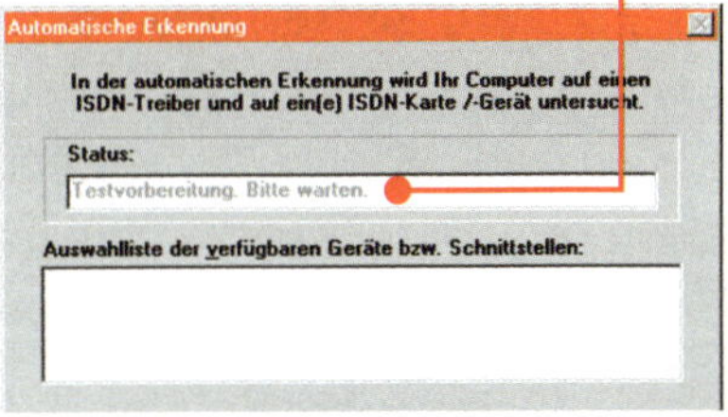

Sobald das Programm CAPI-Controller gefunden hat, werden diese aufgelistet.

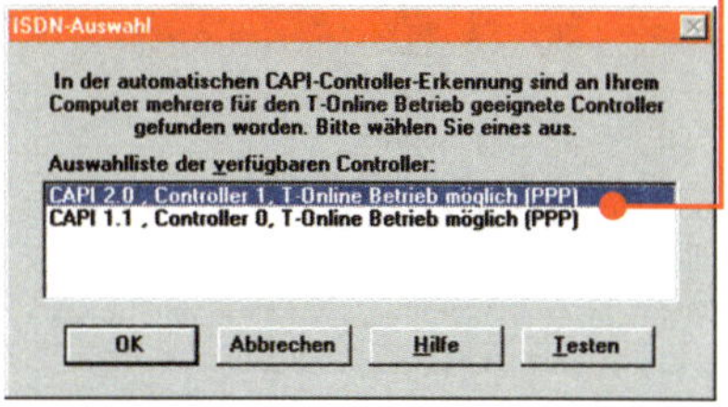

Markieren Sie, sofern vorhanden, den CAPI 2.0-Controller, und klicken Sie auf die Schaltfläche

OK.

4 Die T-Online-Software baut nun eine Testverbindung zu T-Online auf und überprüft hierbei die Funktionsfähigkeit des Modems oder der ISDN-Karte.

Wenn der Test erfolgreich war, klicken Sie auf

OK,

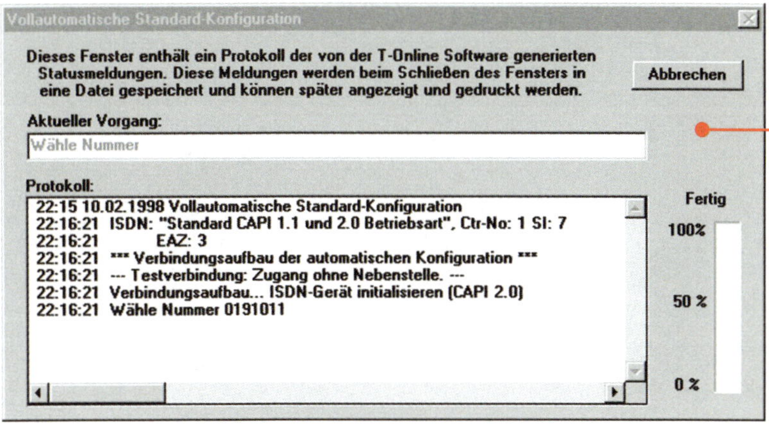

damit die ermittelte Konfiguration gespeichert wird.

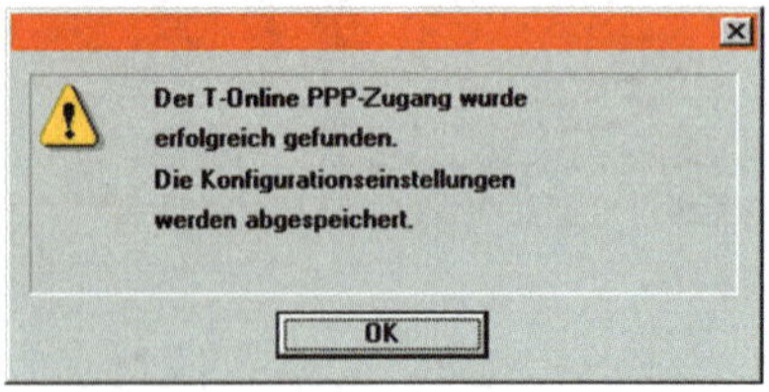

5 Geben Sie jetzt die Zugangsdaten für Ihren T-Online-Anschluß ein.

In das erste Feld tippen Sie Ihre Anschlußkennung ein.

In das zweite Feld gehört Ihre Telefonnummer, auf die Sie Ihren T-Online-Anschluß angemeldet haben

Wenn Sie den T-Online-Anschluß alleine benutzen, geben Sie in der dritten Zeile als Mitbenutzernummer den Wert „1“ ein.

In die vierte Zeile tragen Sie schließlich Ihr persönliches Kennwort ein.

! Sterne statt Ziffern oder Zeichen

Damit während der Eingabe niemand Ihre Daten auf dem Bildschirm ablesen kann, werden diese in Form von Sternen dargestellt. Jeder Stern steht hierbei für eine Ziffer oder ein Zeichen. Sie müssen Ihre Daten daher sehr sorgfältig eingeben.

Bestätigen Sie Ihre Eingaben mit einem Klick auf die Schaltfläche

.

3 Umgang mit der T-Online-Software

Damit Sie mit T-Online effektiv arbeiten können, müssen Sie sich mit der T-Online-Software zunächst vertraut machen. Wenn Sie bereits mit Windows 95 gearbeitet haben, wird Ihnen der Einstieg in die T-Online-Software nicht schwerfallen. Denn das Programm ist ein typisches Windows-Programm und verfügt demzufolge über die bekannte Struktur dieses Betriebssystems.

Etwas verwirrend mag zu Beginn die Unterscheidung zwischen zwei verschiedenen Darstellungen innerhalb des Angebots von T-Online sein. In der Praxis werden Sie jedoch schnell feststellen, daß sich sowohl der Umgang mit Seiten im **CEPT**-Modus als auch im **KIT**-Modus recht einfach gestaltet.

In diesem Kapitel erfahren Sie,
- wie die Oberfläche der T-Online-Software aufgebaut ist,
- wie Sie CEPT-Seiten bedienen,
- wie Sie KIT-Seiten bedienen,
- wie Sie Seiten ausdrucken,
- und wie Sie Seiten speichern.

Kapitel-Wegweiser

Die T-Online-Oberfläche

Nach dem Programmstart der T-Online-Software können Sie eigentlich sofort **online** gehen. Vorher empfiehlt es sich jedoch, einen Blick auf die Oberfläche zu werfen.

Wie bei allen Windows-Programmen finden Sie am oberen Rand des T-Online-Fensters die Titelleiste, die den Namen der Software trägt, in diesem Fall T-Online.

Unterhalb der Titelleiste folgt die **Menüleiste**. Hier sind die fünf Menüs von T-Online aufgeführt, über die Sie verschiedene Befehle und Funktionen ausführen können.

Darunter wiederum befindet sich die Funktionsleiste, die bei den meisten anderen Windows-Programmen Symbolleiste genannt wird. Mit ihrer Hilfe greifen Sie direkt auf einige Funktionen zu.

Am rechten Fensterrand wird die Angebotsleiste dargestellt. Diese dient als Sprungbrett zu speziellen Bereichen von T-Online. Ein Mausklick auf ein Symbol in der Angebotsleiste bringt Sie direkt zu dem entsprechenden Thema.

Am unteren Fensterrand finden Sie die **Statusleiste**. Hier können Sie zusätzliche Informationen ablesen, wenn Sie gerade online sind. So erfahren Sie, wie lange Sie bereits online sind und in welchem Modus Seiten dargestellt werden.

Den größten Teil des Fensters nimmt schließlich der Bereich für die Darstellung der **T-Online-Seiten** ein.

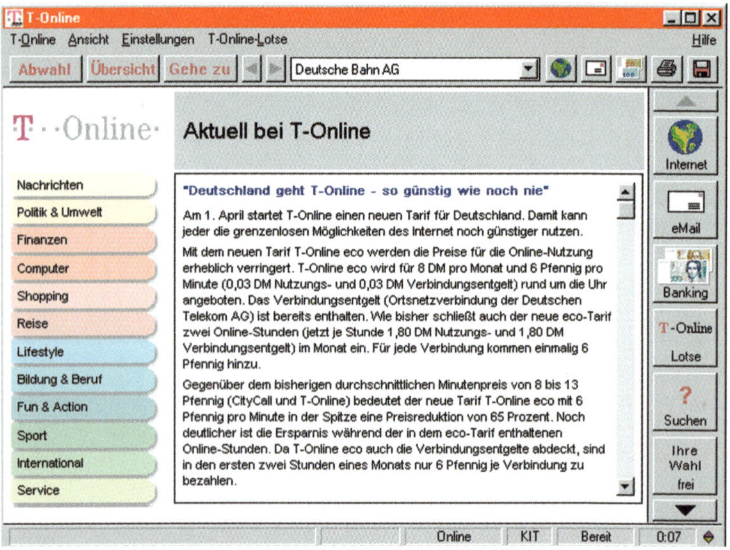

Die Menüleiste

Die Menüleiste enthält hauptsächlich Befehle für die Konfiguration der einzelnen Teile der T-Online-Software.

Im Menü T-Online

haben Sie Zugriff auf die wichtigsten Bereiche von T-Online. Die Befehle decken sich hier teilweise mit denen der Symbol- und Angebotsleiste.

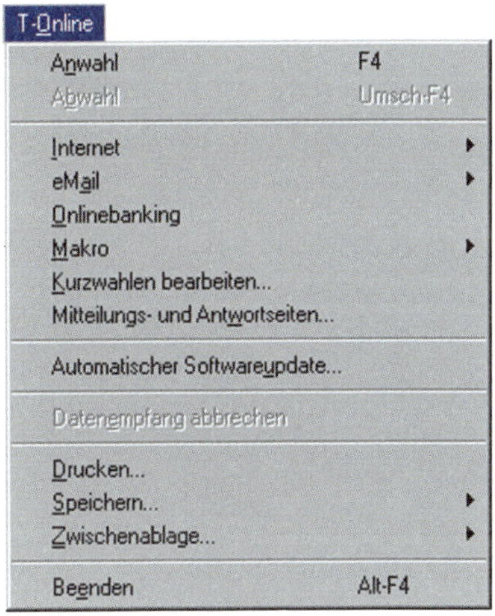

Im Menü Ansicht

können Sie zwischen der KIT-Darstellung und der CEPT-Darstellung wechseln. Außerdem legen Sie hier fest, welche Elemente des T-Online-Fensters dargestellt werden sollen beziehungsweise wo die Angebotsleiste eingeblendet wird.

Alle Einstellungen rund um die T-Online-Software nehmen Sie im Menü

Einstellungen vor.

Weitere Informationen zur persönlichen Anpassung der T-Online-Software finden Sie in Kapitel 8.

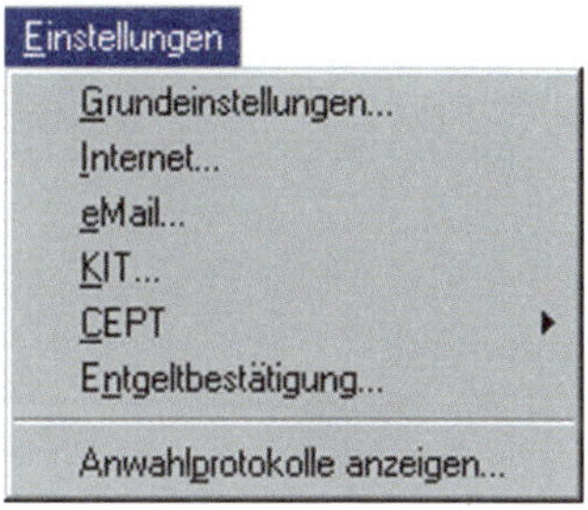

Das Menü T-Online-Lotse

ist kein Menü im üblichen Sinne. Vielmehr handelt es sich hier um eine Sammlung von verschiedenen Bereichen innerhalb des T-Online-Lotsen. Ein Klick auf einen der Befehle bringt Sie direkt auf die gewünschte Seite des T-Online-Lotsen.

Schließlich gibt es noch das in allen Windows-Programmen übliche

-Menü.

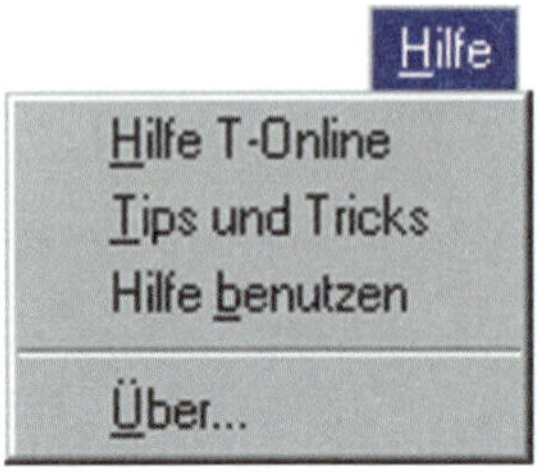

Hier können Sie jederzeit die Hilfe-Funktion der T-Online-Software aufrufen. Zusätzlich können Sie in fast allen Dialogfenstern über die Schaltfläche

kontextbezogene Hilfe aufrufen.

Die Symbolleiste

Die Symbolleiste dient dem direkten Zugriff auf T-Online-Seiten und spezielle Bereiche der T-Online-Software.

Über das erste **Symbol** stellen Sie die Verbindung zu T-Online her. Nach dem Aufbau der Verbindung wird der T-Online-Lotse dargestellt. Wenn Sie bereits mit T-Online verbunden sind, wird anstelle des Symbols

das Symbol

dargestellt. Ein Klick hierauf trennt die Verbindung zu T-Online vollständig.

Per Klick auf das Symbol

gelangen Sie auf die Startseite des T-Online-Lotsen. Von hier aus können Sie sich schnell einen Überblick über die einzelnen Angebote innerhalb von T-Online, aber auch dem WWW verschaffen.

Falls Sie den Namen beziehungsweise das Kürzel eines Angebots oder die Seitennummer einer T-Online-Seite schon kennen sollten, können Sie diese direkt als Sprungadresse eingeben. Nachdem Sie auf das Symbol

geklickt haben, öffnet sich das gleichnamige Dialogfenster, in dem Sie die Seitennummer, das Kürzel oder sogar eine WWW-Adresse eintippen können.

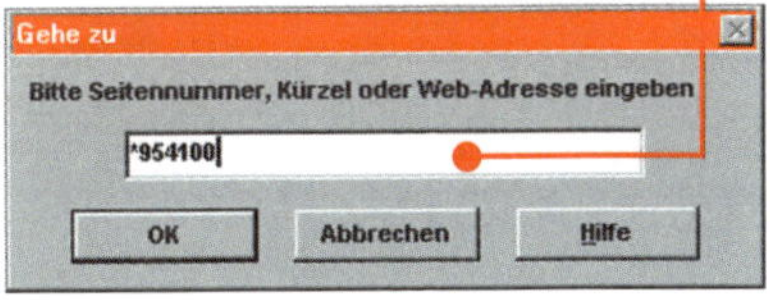

Sobald Sie eine WWW-Adresse eingegeben und mit

bestätigt haben, wird der voreingestellte WWW-**Browser** automatisch gestartet und die gewünschte Seite dargestellt.

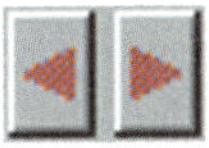

Über die beiden Symbole „Vorwärts" und „Rückwärts" wechseln Sie zwischen den bereits aufgerufenen T-Online-Seiten hin und her. Welche Seite nach dem Klick auf das entsprechende Symbol dargestellt wird, können Sie bereits vorab erkennen.

Positionieren Sie den Mauszeiger auf dem gewünschten Symbol, und warten Sie einen Augenblick. Kurz darauf wird unterhalb des Mauszeigers die Beschreibung der Seite eingeblendet, die T-Online dann nach einem Klick auf die Maustaste aufruft.

Wenn Sie sich die Kürzel oder Seitennummer bevorzugter Dienste beziehungsweise Seiten nicht merken können, hilft Ihnen die Kurzwahl-Listbox weiter. In dieser Liste finden Sie bereits einige wichtige Bereiche innerhalb von T-Online.

Wie Sie weitere Einträge in die Kurzwahl-Listbox aufnehmen, ist Thema von Kapitel 8.

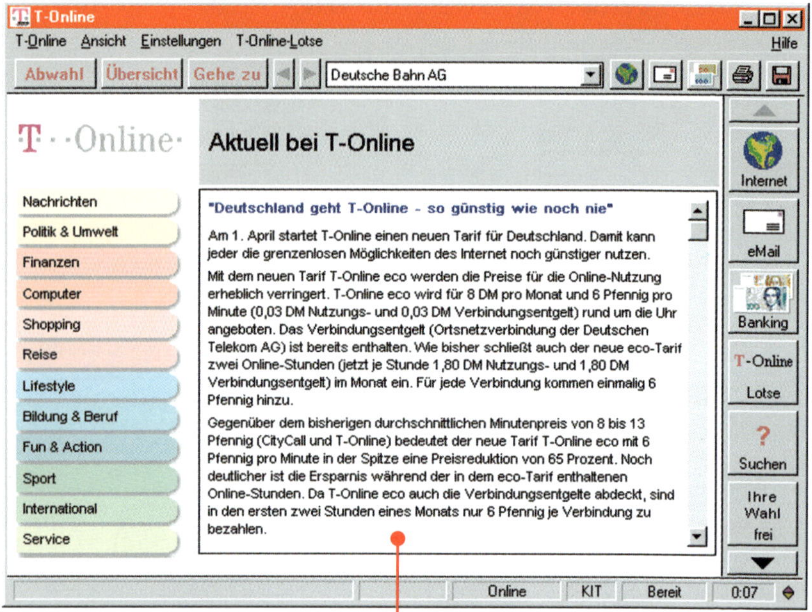

Der Weg ins WWW öffnet sich per Klick auf das Symbol. Dadurch wird der von Ihnen gewählte WWW-Browser gestartet, und Sie können im Internet surfen. Hierbei können Sie gleichzeitig das T-Online Angebot nutzen.

Weitere Informationen zum WWW finden Sie in Kapitel 7.

Das Programm zum Versenden und Empfangen von elektronischer Post – E-Mails – öffnet sich mit einem Klick auf das Symbol. Wenn Sie Ihre Zugangsdaten bestätigen, wird das **E-Mail**-Modul der T-Online-Software gestartet.

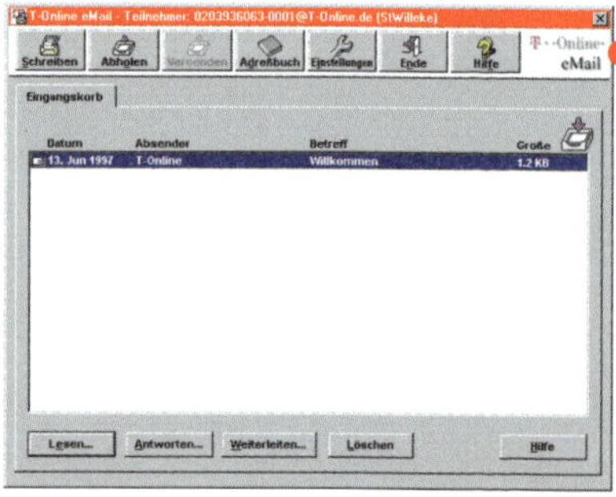

Der Umgang mit dem E-Mail-Modul und weitere Informationen rund um E-Mails sind Thema von Kapitel 6.

Wie Sie mit T-Online Ihre Bankgeschäfte bequem von zu Hause aus verrichten, eröffnet Ihnen Kapitel 6.

Auch im Zeitalter der elektronischen Datenverarbeitung möchten Sie vielleicht die eine oder andere Seite schwarz auf weiß in Händen halten und zu Ihren Akten legen. Mit einem Klick auf das Symbol drucken Sie die aktuelle Seite einfach aus.

Und wenn Sie die dargestellten Informationen später weiterverarbeiten wollen, so steht dem ebenfalls nichts im Wege. Mit einem Klick auf das Symbol können Sie T-Online-Seiten ohne weiteres speichern.

Die Steuerungssymbole der T-Online-Software

Baut die Verbindung zu T-Online auf

Trennt die Verbindung zu T-Online

Stellt den T-Online-Lotsen dar

Ermöglicht die direkte Eingabe eines Kürzels oder einer Seitennummer

Blättert zwischen den bereits aufgerufenen Seiten vor und zurück

Wechselt die angeklickte Seite

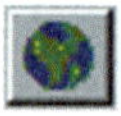

Startet den WWW-Browser

Startet das „eMail-Programm“

Startet das „Onlinebanking-Programm“

Druckt die aktuelle T-Online-Seite

Speichert die aktuelle T-Online-Seite

Die Angebotsleiste

Die Angebotsleiste von T-Online ist zunächst lediglich mit fünf verschiedenen Diensten belegt. Die weiteren, noch unbelegten Symbole können Sie für Ihre eigenen Lieblingsdienste verwenden. Wie Sie hierbei im einzelnen vorgehen müssen, wird in Kapitel 8 beschrieben.

Ein Klick auf das erste Symbol in der Angebotsleiste öffnet den gewählten WWW-Browser und gibt den Weg frei ins Internet. Zunächst wird die T-Online-Homepage dargestellt, die sich als ideales Sprungbrett ins Internet erweist.

Um Zugriff auf Ihre elektronische Post zu erhalten oder neue Mitteilungen zu verfassen, klicken Sie auf das zweite Symbol in der Angebotsleiste.

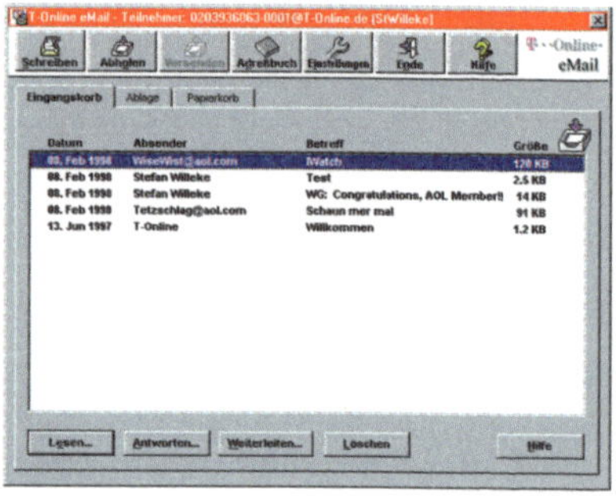

Wenn Sie Ihren Bankgeschäften nachgehen möchten, klicken Sie auf das dritte Symbol in der Angebotsleiste. Voraussetzung ist die Freischaltung Ihres Kontos durch Ihre Bank. Nachdem Sie alle Formalitäten mit Ihrer Bank geklärt haben, können Sie Überweisungen online ausführen und Ihre Kontoauszüge bequem von zu Hause aus lesen.

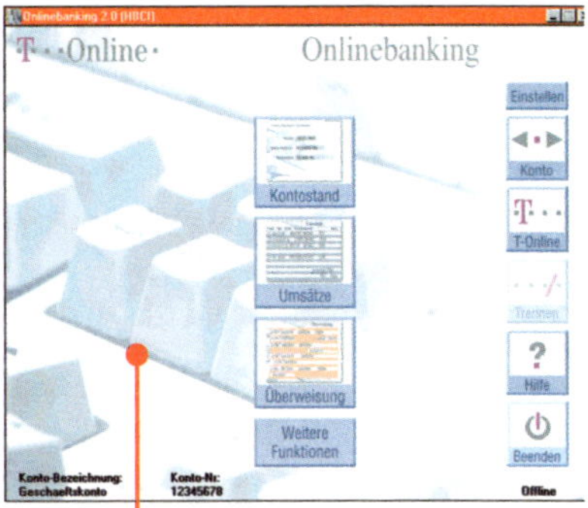

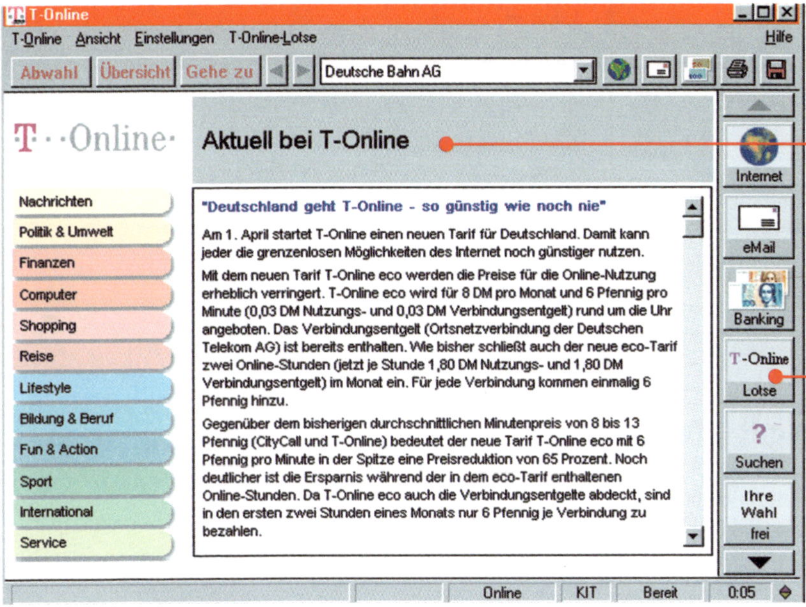

Den T-Online-Lotsen rufen Sie mit einem Klick auf das vierte Symbol in der Angebotsleiste. Von hier aus starten Sie Ihren Streifzug durch T-Online.

Ein Klick auf das fünfte Symbol führt Sie zur Such-Übersicht des T-Online-Lotsen. Hier haben Sie Zugriff auf verschiedene Suchmaschinen.

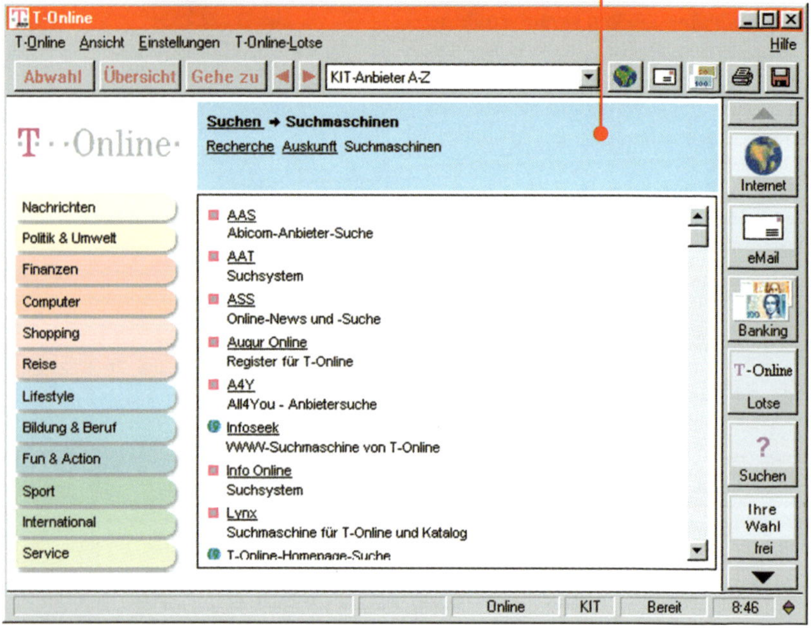

CEPT oder KIT

Hinter den beiden Abkürzungen verstekken sich zwei Standards, nach denen Seiten bei T-Online aufbereitet werden.

CEPT ist die Abkürzung für „Conférence Européenne des Administrations des Postes et des Télécommunications" (Europäische Konferenz der Verwaltung für Post und Fernmeldewesen).

Die in der CEPT zusammengeschlossenen Staaten einigten sich 1981 auf einen gemeinsamen Standard für Bildschirmtext.

CEPT steht innerhalb von T-Online für den alten Btx-Standard, der eine Standardseitengröße von 24 Zeilen mit je 40 Zeichen vorsieht. Außerdem gehören eine Auflösung von 480x240 Punkten und die Verwendung einer Farbpalette mit 4096 Farben zur festgelegten Norm.

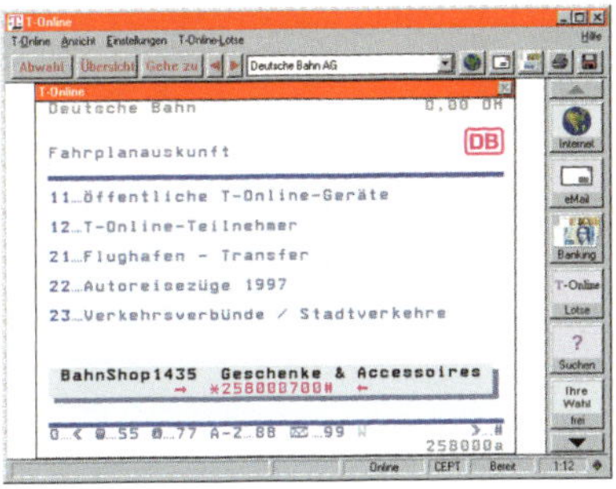

Wichtig: Seiten im CEPT-Standard können Sie nicht mit der Maus bedienen. Statt dessen müssen Sie die Navigation mit der Tastatur vornehmen. Demzufolge ist auch das **Scrollen** nach oben oder unten nicht möglich. Vielmehr blättern Sie zwischen den einzelnen Seiten über Tastatur-Kommandos.

- KIT hingegen ist der neue Standard innerhalb von T-Online und steht für „Kernsoftware für intelligente Terminals“. KIT-Seiten enthalten grafische Elemente und werden mit der Maus bedient.

Neuere Angebote kommen im KIT-Standard auf den Bildschirm, denn KIT ermöglicht wesentlich aufwendigere Seiten und läßt auch dem Anbieter mehr Freiheiten bei der Gestaltung.

Wenn Sie Seiten im CEPT-Modus finden, muß dies jedoch nicht zwangsläufig bedeuten, daß Sie auf ein überaltertes Angebot treffen. Viele T-Online-Seiten, u.a. die Auskunft der Bundesbahn, präsentieren sich nach wie vor im CEPT-Modus und sind trotzdem hochaktuell.

CEPT-Seiten aufrufen

Nachdem Sie sich in T-Online eingewählt haben, wird zunächst der T-Online-Lotse im KIT-Modus dargestellt. Wenn Sie im CEPT-Modus durch T-Online surfen möchten, müssen Sie zunächst in diesen Modus wechseln.

1 Sobald Sie mit T-Online verbunden sind, drücken Sie die Taste F8. Hierdurch wird in die CEPT-Darstellung gewechselt.

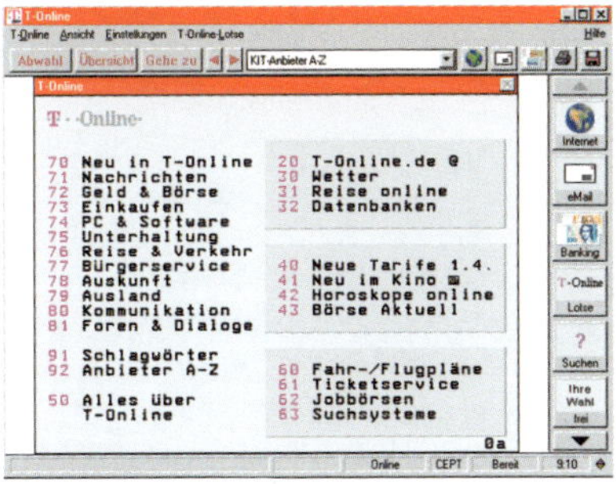

Zunächst erscheint die CEPT-Hauptübersicht. Diese hat die Seitennummer *0#.

2 Jede T-Online-Seite verfügt über eine eigene Seitennummer. Um eine Seite aufzurufen, brauchen Sie nur die Seitennummer einzutippen. Ihre Eingabe wird in der letzten Zeile der aktuellen Seite dargestellt.

Wann immer Sie auf die erste Seite zurückkehren wollen, geben Sie in der CEPT-Darstellung einfach die Seitennummer *0# ein.

! Raute oder Eingabe-Taste?

Eingaben innerhalb von CEPT-Seiten werden nur sehr selten mit der Eingabe-Taste abgeschlossen. Vielmehr entspricht die Raute (#) dem Befehl zur Bestätigung einer Seite. Um Ihnen die Handhabung zu erleichtern, ist die Eingabe-Taste jedoch alternativ als Raute belegt. Wenn Sie also eine Seitenzahl ohne Raute eingeben und die Eingabe-Taste drücken, wird dies ebenfalls als Bestätigung wie mittels Raute erkannt. Beachten Sie allerdings, daß Sie Raute und Eingabe-Taste nicht unmittelbar nacheinander nutzen dürfen, da die Eingabe-Taste dann bereits auf der neuen Seite eine Funktion hat.

3 Auf CEPT-Seiten können stets nur 24 Zeilen mit je 40 Zeichen dargestellt werden. Bei einem längeren Text müssen Sie auf die Folgeseite blättern. Hierzu geben Sie in T-Online die Raute (#) ein.

4 Sofern Sie wieder eine Seite zurück blättern wollen, verwenden Sie hierzu den Stern (*) und bestätigen diesen mit der Raute (#).

KIT-Seiten

Der KIT-Standard zeichnet sich nicht nur durch eine wesentlich aufwendigere Seitengestaltung aus, auch die Bedienung ist spürbar leichter. Startpunkt ist der T-Online-Lotse, von dem aus Sie auf alle Dienste zugreifen können.

1 Stellen Sie die Verbindung zu T-Online mit einem Klick auf die Schaltfläche „Anwahl" her:

2 Daraufhin wird der T-Online-Lotse dargestellt.

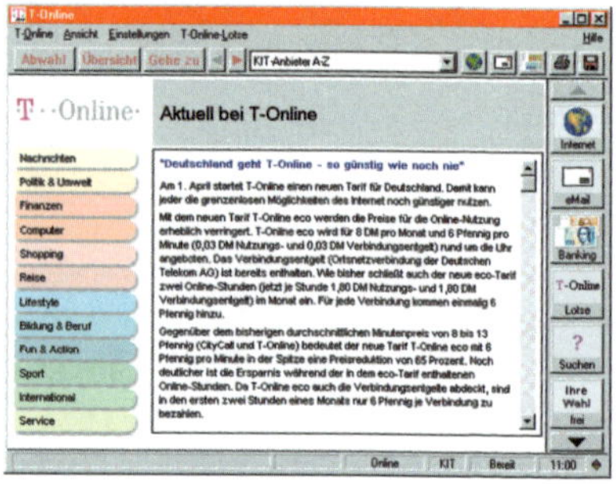

3 Klicken Sie nun mit der linken Maustaste auf den Themenkomplex, der Sie interessiert:

4 Nachdem Sie sich für ein übergeordnetes Thema entschieden haben, erhalten Sie eine Übersicht zu diesem Bereich.

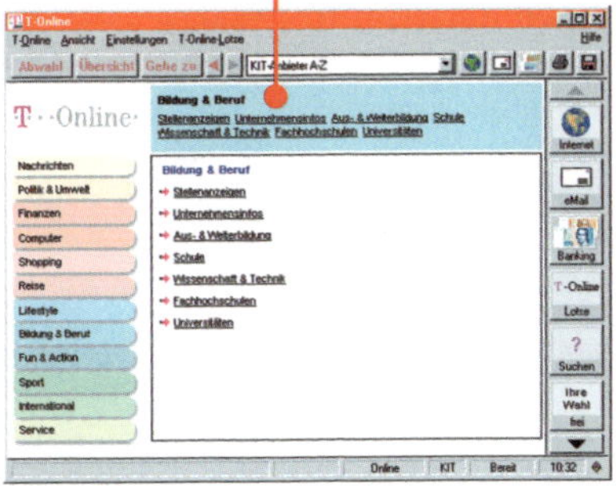

5 Im oberen Teil der Seite können Sie nun zwischen den verschiedenen Gebieten innerhalb des Themenkomplexes wählen. Klicken Sie mit der linken Maustaste auf den Bereich, zu dem Sie Informationen benötigen.

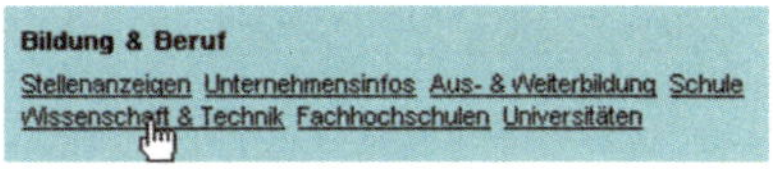

6 Anschließend werden im unteren Teil des Fensters die vorhandenen Angebote aus dem gewählten Bereich aufgeführt.

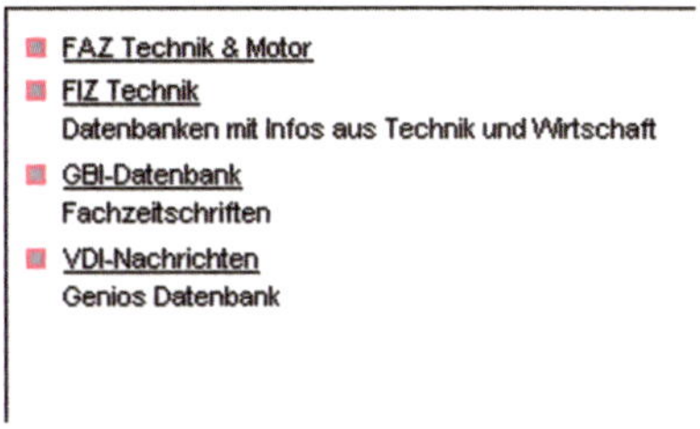

7 Sobald Sie mit der linken Maustaste auf das gewünschte Angebot klicken, werden die dazugehörigen Seiten dargestellt.

8 Über die beiden Schaltflächen

 und 

in der Symbolleiste können Sie schnell zwischen den bereits aufgerufenen Seiten hin und her wechseln. Positionieren Sie den Mauszeiger auf einem der Symbole, wird Ihnen in einem kleinen Fenster der Name des Angebots mitgeteilt. Ein Klick auf das Symbol führt Sie zu der entsprechenden Seite.

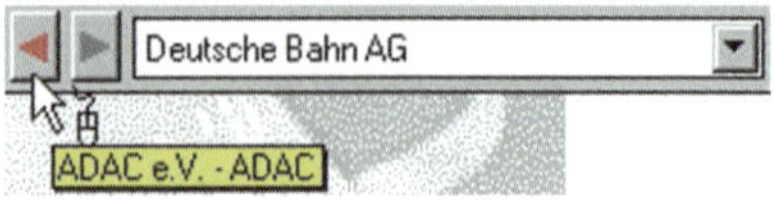

Seiten drucken

Manchmal reicht es nicht aus, Informationen auf dem Bildschirm darzustellen. Wenn Sie beispielsweise einem Freund ohne Computer etwas zeigen möchten, das Sie in T-Online gefunden haben, hilft hier nur der Ausdruck der entsprechenden Seiten.

1 Wechseln Sie auf die Seite, die Sie ausdrucken wollen.

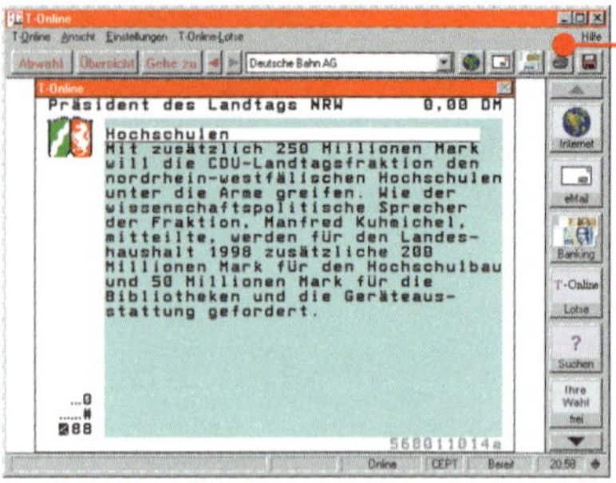

2 Klicken Sie in der Symbolleiste auf das Symbol  .

3 Anschließend wählen Sie im Dialogfenster

Drucken,

in welcher Form Sie die Seite ausdrucken möchten. Je nach Seitendarstellung unterscheidet sich auch das Dialogfenster

Drucken

- Seite im CEPT-Format:
  Falls eine Seite im CEPT-Format ausgedruckt werden soll, können Sie zwischen zwei verschiedenen Druckmethoden wählen. Ist auf der entsprechenden Seite lediglich Text vorhanden, läßt sie sich im Textmodus drucken. Eventuell vorhandene Grafiken werden hierbei ignoriert.

CEPT-Schirm als Text

Um auch Grafiken mitzudrucken, wählen Sie die Option

CEPT-Schirm als Grafik.

- Seite im KIT-Format:
  Beim Ausdruck einer Seite im KIT-Format müssen Sie sich zwischen drei verschiedenen Druckoptionen entscheiden.
  Sofern Sie nur den Text des aktuellen KIT-Fensters ausdrucken möchten, wählen Sie die Option

Alle Texte des aktiven Dialogs.

Soll das aktuelle KIT-Fenster als Grafik gedruckt werden, markieren Sie die Option

Schließlich können Sie den gesamten KIT-Bereich ausdrucken, ohne sich dabei auf das aktuelle Fenster beschränken zu müssen:

4 Nachdem Sie Ihre Wahl getroffen haben, starten Sie den Druck mit einem Klick auf die Schaltfläche

.

Seiten speichern

Wer Informationen aus T-Online zu einem späteren Zeitpunkt auf seinem Rechner weiterverarbeiten will, kann die jeweiligen Seiten auch speichern.

1 Rufen Sie die Seite auf, die Sie speichern möchten.

2 Klicken Sie in der Symbolleiste mit der linken Maustaste auf das Symbol

.

3 Wählen Sie im sich nun öffnenden Menü, in welchem Format Sie die aktuelle Seite beziehungsweise das aktuelle KIT-Fenster speichern wollen.

● Wenn es sich bei der aktuellen Seite um eine Seite im CEPT-Format handelt, stehen Ihnen drei verschiedene Optionen zur Verfügung.

Damit lediglich der Text der aktuellen Seite gespeichert wird, wählen Sie die Option

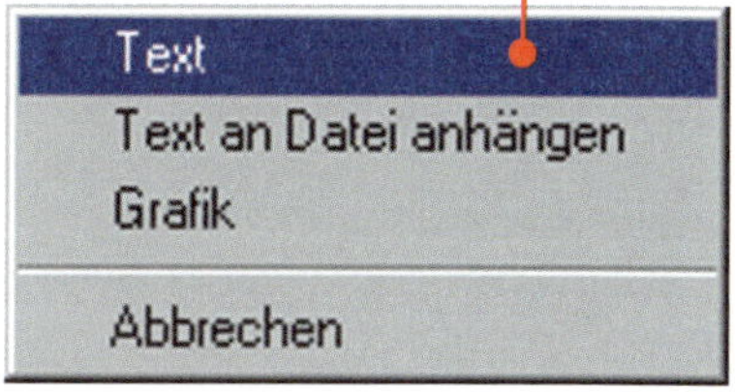

.

Möchten Sie den Text der aktuellen Seite an die zuletzt gewählte Textdatei anhängen? Dann markieren Sie die Option

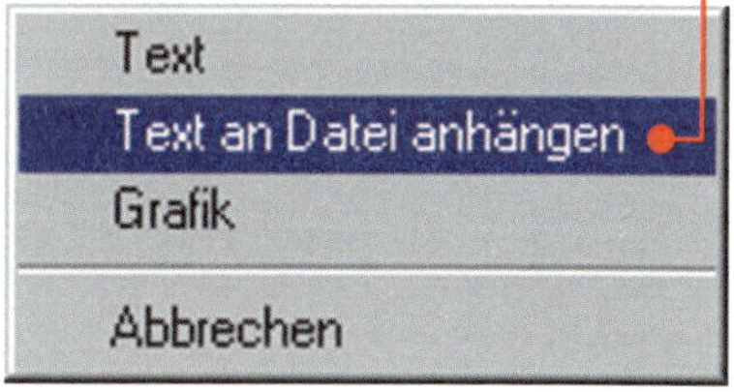

.

Schließlich können Sie die aktuelle Seite auch als Grafik speichern. Klicken Sie hierzu auf

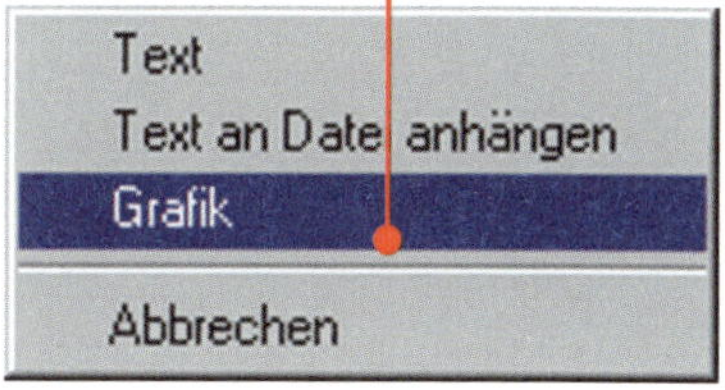

.

● Um eine KIT-Seite zu speichern, haben Sie die Wahl zwischen vier verschiedenen Optionen.

Wie auch bei CEPT-Seiten können Sie ein KIT-Fenster als Textdatei speichern:

Falls nicht nur der reine Text, sondern auch die Formatierungen des Textes gespeichert werden sollen, wählen Sie den Befehl

.

Damit das aktuelle KIT-Fenster als Grafikdatei gespeichert wird, markieren Sie die Option

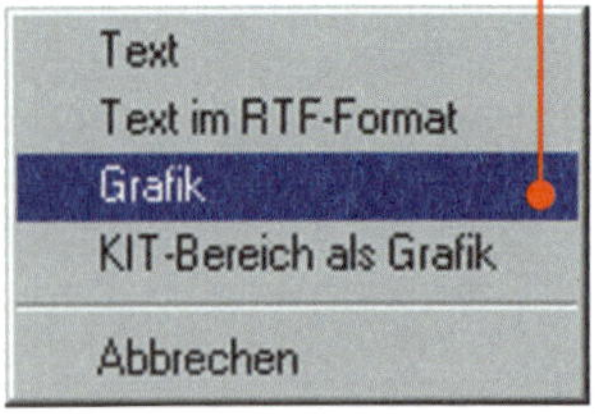

.

Und wenn Sie nicht nur das aktuelle KIT-Fenster als Grafik, sondern den gesamten KIT-Bereich in eine Grafikdatei speichern möchten, wählen Sie den Befehl

.

4 Abschließend geben Sie im folgenden Dialogfenster den Dateinamen ein und klicken auf die Schaltfläche

.

Die Datei wird daraufhin im gewünschten Dateiformat gespeichert.

4 Streifzug durch T-Online

T-Online bietet innerhalb des klassischen T-Online-Bereichs eine Vielzahl von Diensten. Von A wie Abbuchungsverfahren bis Z wie Zeitschriftenabonnements sind nahezu alle Themen vertreten. Hierbei die Übersicht zu behalten, ist nicht immer einfach.

Der T-Online-Lotse ist der ideale Führer durch T-Online. Sie wählen einen Themenkomplex und können dann mit seiner Hilfe durch die einzelnen Bereiche blättern.

Neben dem Lotsen gibt es jedoch noch weitere Sprungbretter. Wenn Sie bereits genau wissen, wonach Sie suchen, hilft Ihnen das Schlagwörterverzeichnis weiter. Hier sind - ähnlich dem Index am Ende dieses Buches - Stichwörter aufgeführt, denen Anbieter ihre Einträge zugeordnet haben. Schließlich kann auch noch das Anbieterverzeichnis, in dem sämtliche Anbieter aufgelistet werden, von Nutzen sein.

In diesem Kapitel erfahren Sie,

- wie Sie mit dem Lotsen Dienste ausfindig machen,
- wie Sie gezielt einem Anbieter auf die Spur kommen,
- wie Sie nach Schlagwörtern suchen,
- und wie Sie Ihre Kosten kontrollieren.

Kapitel-Wegweiser

Verbindung zu T-Online aufbauen

Nachdem Sie im vorherigen Kapitel die grundsätzlichen Bedienelemente von T-Online kennengelernt haben, können Sie nun in die Welt von T-Online eintauchen.

1 Starten Sie gegebenenfalls die T-Online-Software.

2 Klicken Sie in der Symbolleiste auf die Schaltfläche 

> **! Direkt ans Ziel**
>
> Sie können auch über jede andere Schaltfläche, mit der Sie eine Seite oder einen Bereich in T-Online aufrufen, die Verbindung zu T-Online herstellen. Grundsätzlich steht Ihnen die Wahl frei. Im folgenden wird jedoch davon ausgegangen, daß Sie sich mit einem Klick auf die Schaltfläche Anwahl bei T-Online anmelden.

3 Sobald die Verbindung zu T-Online steht, wird als erste Seite der T-Online-Lotse dargestellt.

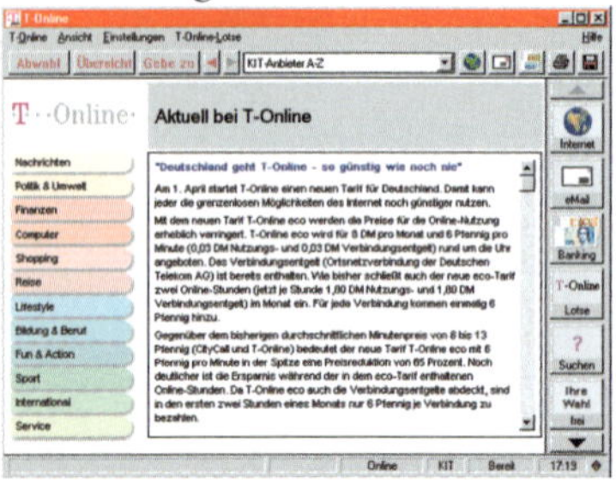

4 Sie sind nun mit T-Online verbunden und können einen Rundgang durch die verschiedenen Angebote von T-Online machen.

Der T-Online-Lotse

Der T-Online-Lotse hilft Ihnen bei der Navigation innerhalb von T-Online. Nach der Anwahl von T-Online wird der Lotse bereits automatisch dargestellt. Sie können also sofort lossurfen.

1 Der Lotse ist in zwölf Themengebiete unterteilt. Klicken Sie mit der linken Maustaste auf den Themenkomplex, der Sie interessiert.

2 Daraufhin wird die erste Seite zu dem entsprechenden Themenkreis dargestellt. Im Beispiel zum Thema „Nachrichten" sieht der Bildschirm dann folgendermaßen aus:

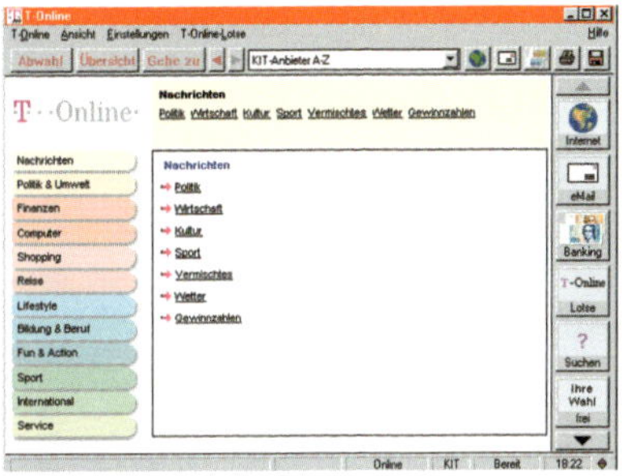

3 Im oberen Teil der Seite können Sie direkt zu weiteren Sachgebieten innerhalb des aktuellen Themengebiets wechseln. So sind beispielsweise die Rubriken „Politik", „Wirtschaft", „Kultur", „Sport", „Vermischtes", „Wetter" und „Gewinnzahlen" unterteilt. Klicken Sie einfach mit der linken Maustaste auf den gewünschten Eintrag.

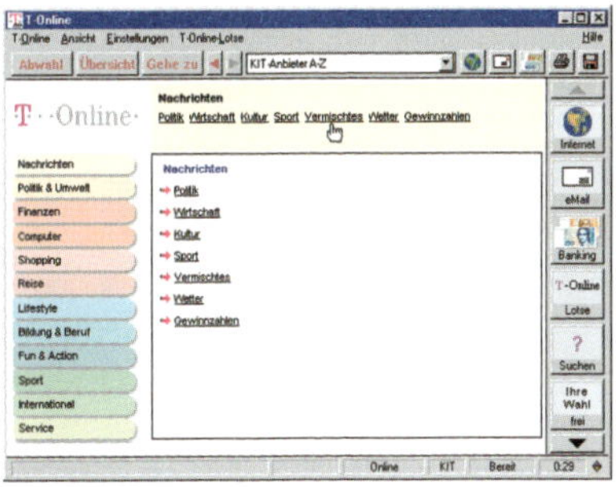

4 Im Hauptbereich des Fensters sind die einzelnen Anbieter aufgeführt, die zu dem jeweiligen Sachgebiet Informationen bereit halten.

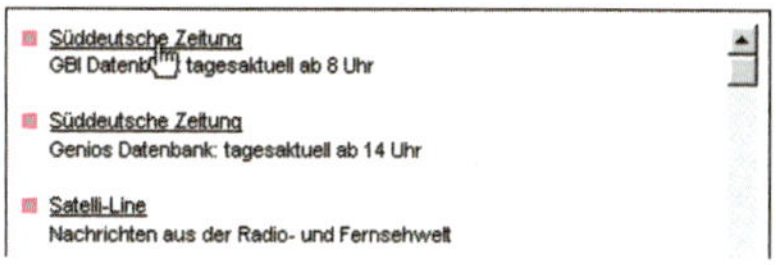

Klicken Sie auf den gewünschten Eintrag, damit die Seiten des Anbieters eingeblendet werden.

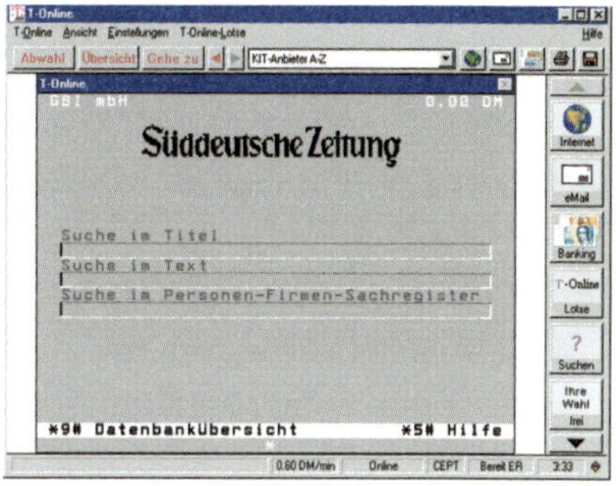

Anbieter suchen

Sie wissen genau, welchen Anbieter Sie suchen, jedoch nicht, wie Sie die Seiten aufrufen? Das Anbieterverzeichnis hilft Ihnen weiter. Um beispielsweise das Angebot der Stadt Essen zu finden, gehen Sie folgendermaßen vor:

1 Klicken Sie in der Symbolleiste mit der linken Maustaste auf das **Symbol**

.

2 Geben Sie im Dialogfenster

Gehe zu

die Seitenzahl

*12#

ein, und klicken Sie auf die Schaltfläche

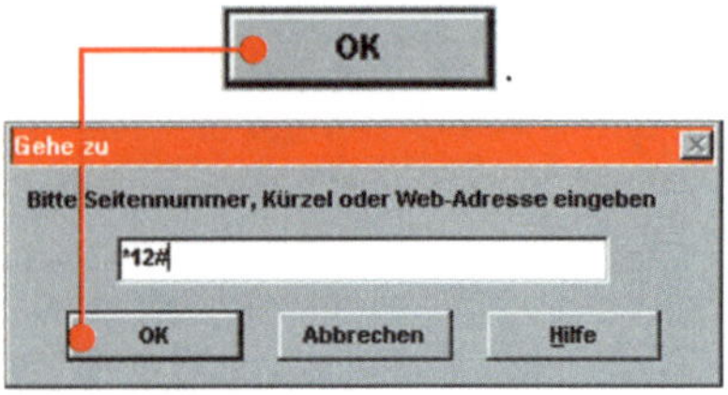

3 Anschließend wird das Anbieterverzeichnis dargestellt.

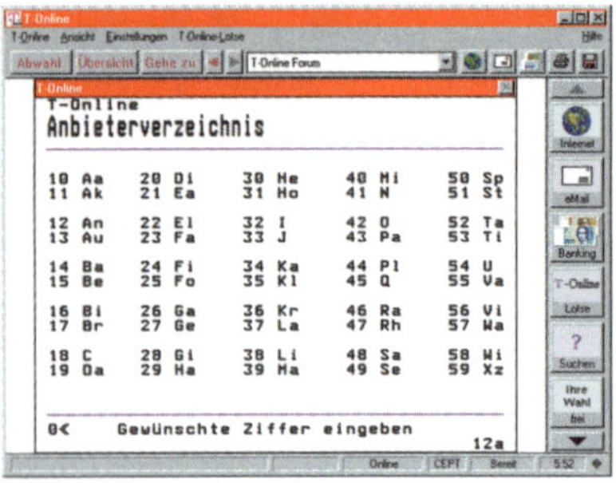

4 Nun tragen Sie die Ziffern für den gewünschten Anfangsbuchstaben ein:

0« Ge
51

5 Je nachdem, wie viele Anbieter dieselben Anfangsbuchstaben haben, müssen Sie Ihre Suche erneut einschränken.

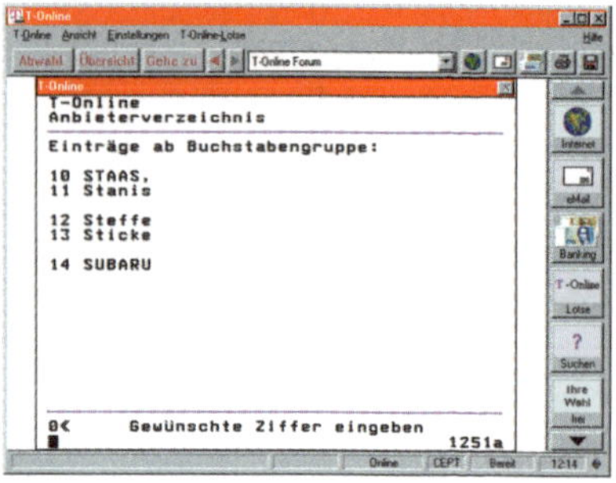

Danach geben Sie die Ziffern für die gewünschte Buchstabengruppe ein.

6 Die jetzt dargestellte Liste der Anbieter sprengt mitunter den zur Verfügung stehenden Platz. In diesem Fall können Sie durch die verschiedenen Seiten blättern. Um eine Seite vorwärts zu blättern, geben Sie eine Raute ein:

#

Mit der Zeichenkombination Stern/Raute gelangen Sie eine Seite zurück:

*#

7 Vor jedem Anbieter steht eine zweistellige Zahl, mit der Sie die Seite aufrufen.

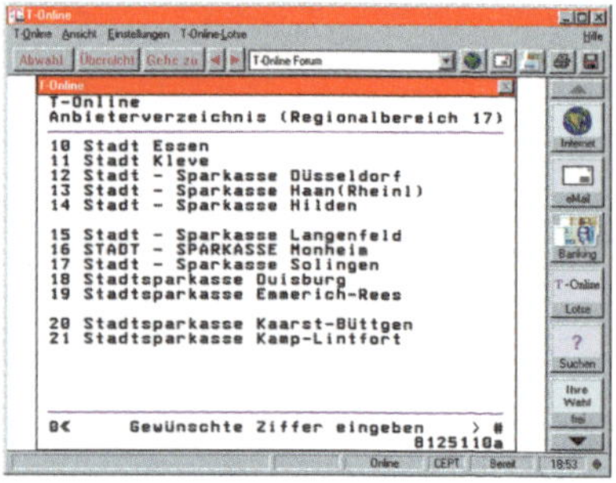

Für das Angebot der Stadt Essen tippen Sie beispielsweise die Zahl „10“ ein. Die Seite wird daraufhin dargestellt.

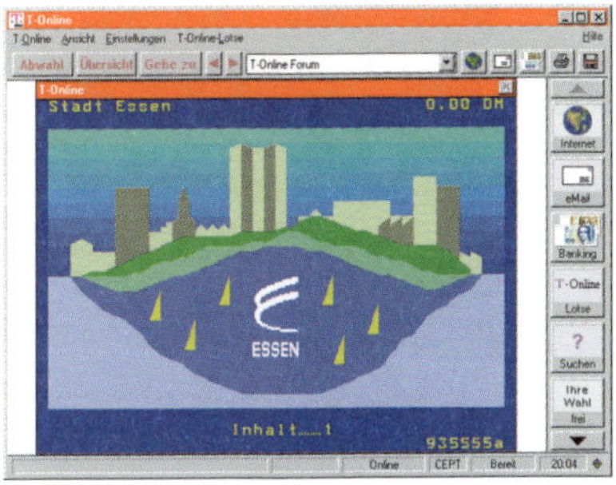

! Seitennummer merken

Damit Sie beim nächsten Aufruf der Seite nicht wieder den umständlichen Weg über das Anbieterverzeichnis gehen müssen, ist es ratsam, sich die Seitennummer des Angebots zu merken. Sie finden sie zumeist am rechten unteren Seitenrand.

Stichwortsuche

Wenn Sie bereits einen Anbieter kennen, ist es vergleichsweise einfach, die zugehörigen Seiten über das Anbieterverzeichnis zu finden. Die Suche nach einem Stichwort gestaltet sich demgegenüber etwas schwieriger. Dies liegt daran, daß bei einem Stichwort in der Regel mehrere Anbieter aufgeführt werden, die jedoch teilweise mit dem zugeordneten Stichwort gar nichts zu tun haben. Der Grund:

Im Prinzip kann sich jeder Anbieter zu jedem beliebigen Stichwort eintragen lassen.

1 Klicken Sie in der Symbolleiste mit der linken Maustaste auf das Symbol

.

2 Geben Sie im Dialogfenster

die Seitenzahl

*0#

ein, und klicken Sie auf die Schaltfläche

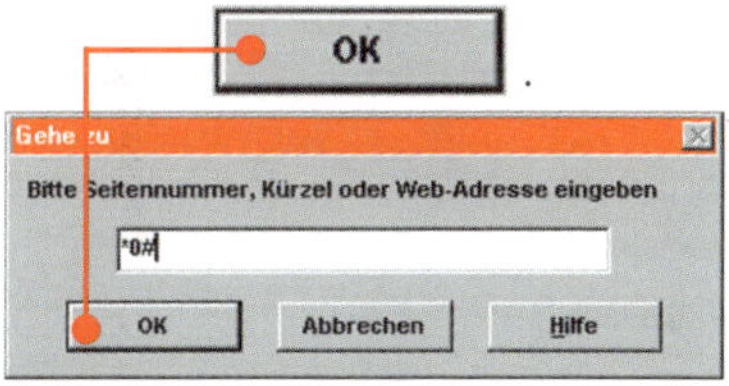

3 Um ins Schlagwörterverzeichnis von T-Online zu gelangen, tippen Sie in der CEPT-Übersicht die Zahl „91“ ein.

4 Das Schlagwörterverzeichnis ist wie auch das Anbieterverzeichnis alpha-

betisch sortiert. Suchen Sie den Anfangsbuchstaben des Schlagwortes, und geben Sie die vorangestellte Zahl ein.

5 Falls das gewünschte Schlagwort nun nicht sofort dargestellt wird, können Sie mit der Raute (#) vorwärts blättern. Die Zeichenkombination Stern/Raute (*#) hingegen bringt Sie wieder zur vorherigen Seite zurück.

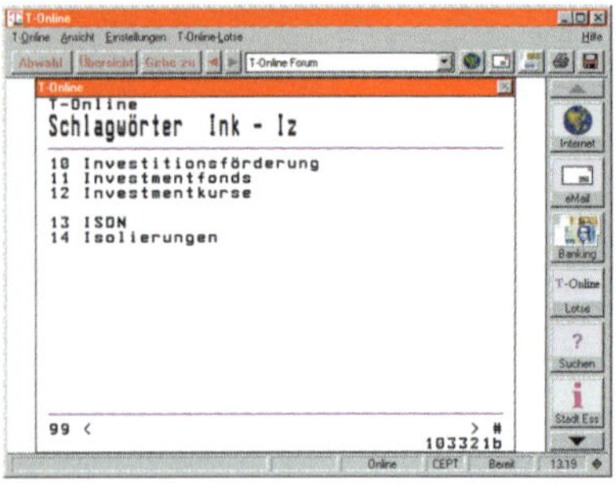

6 Sobald Sie das Schlagwort gefunden haben, geben Sie die vorangestellte zweistellige Zahl ein.

Auch den gewünschten Anbieter bestimmen Sie, indem Sie die jeweils vorangestellte Zahl eintippen.

Volltextrecherche

Neben Anbieter- und Schlagwörterverzeichnis bietet T-Online eine Volltextrecherche. Bei der sogenannten Volltextrecherche wird der vollständige Inhalt aller T-Online-Seiten einbezogen.

1 Klicken Sie in der Angebotsleiste mit der linken Maustaste auf das Symbol

.

2 Danach folgt ein Klick in der oberen Hälfte des Bildschirms auf den Eintrag

3 In der Liste der Suchmaschinen, die sich jetzt öffnet, markieren Sie den Eintrag

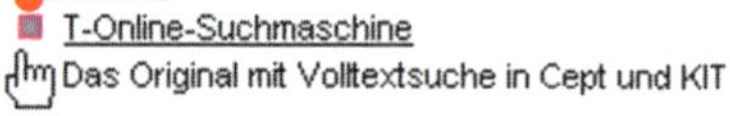

! Wo ist der Eintrag?

Wird der Eintrag „T-Online-Suchmaschine" nicht sofort dargestellt, müssen Sie den Inhalts der Seite eventuell mit der Bildlaufleiste nach oben verschieben.

4 Auf der nun dargestellten Seite können Sie nach jedem beliebigen Wort innerhalb von T-Online suchen.

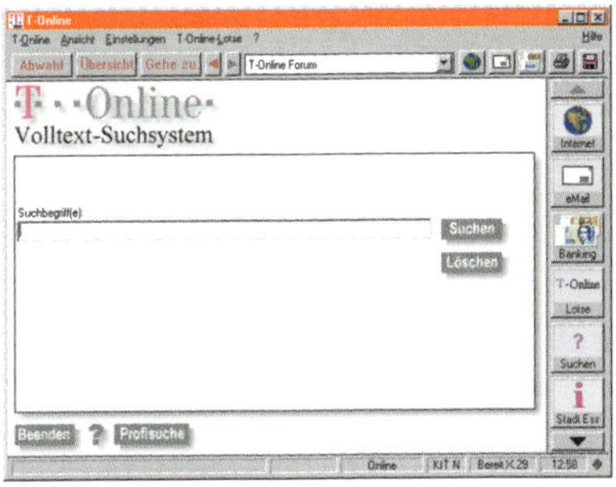

5 Tippen Sie in der Eingabezeile den Begriff ein, nach dem Sie suchen.

6 Starten Sie den Suchvorgang mit einem Klick auf die Schaltfläche

7 Nach einigen Augenblicken wird das Suchergebnis präsentiert.

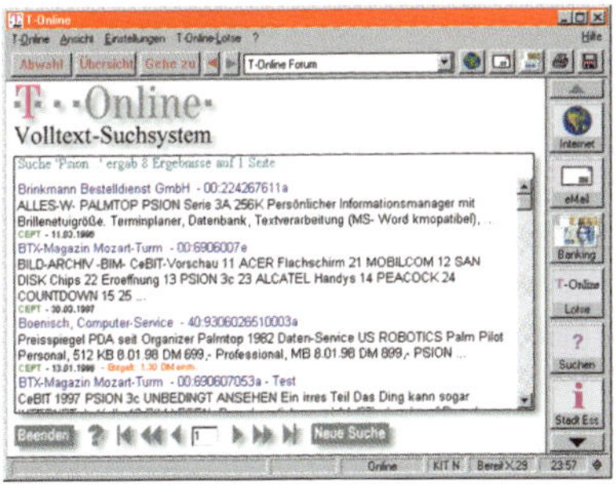

8 Über die Schaltflächen am unteren Bildschirmrand können Sie bei umfangreichen Suchergebnissen zwischen den einzelnen Seiten hin und her wechseln.

Sobald Sie fündig geworden sind, klicken Sie mit der linken Maustaste auf den Eintrag, den Sie aufrufen möchten.

Datenbanken durchsuchen

Innerhalb von T-Online gibt es viele Datenbanken, die Sie nach speziellen Informationen durchsuchen können. Bedenken Sie jedoch, daß bei den meisten Datenbanken besondere Gebühren anfallen.

1 Klicken Sie in der Angebotsliste mit der linken Maustaste auf das Symbol

2 Danach markieren Sie in der oberen Hälfte des Bildschirms den Eintrag

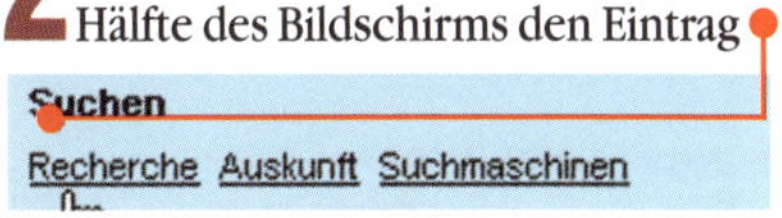

3 Nun wählen Sie per Mausklick aus der Liste der Anbieter denjenigen aus, von dem Sie Informationen einholen wollen.

4 Viele Anbieter ermöglichen den Zugang zu mehreren Datenbanken.

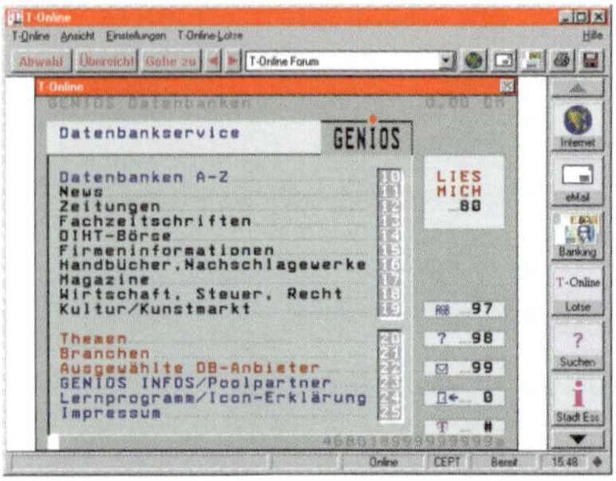

Wählen Sie die gewünschte Datenbank aus.

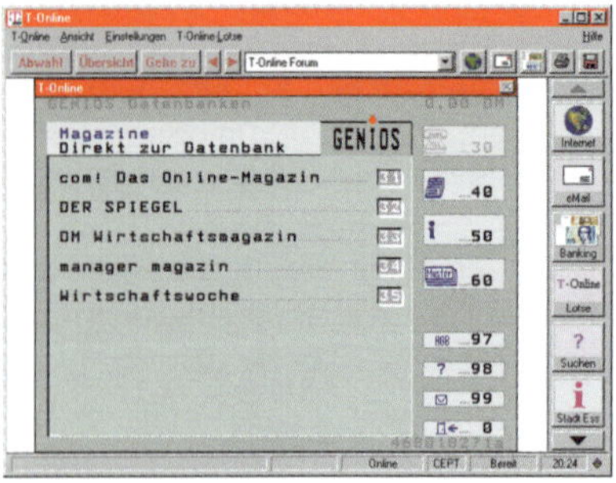

Anbieter sind verpflichtet, auf zusätzlich anfallende Gebühren hinzuweisen.

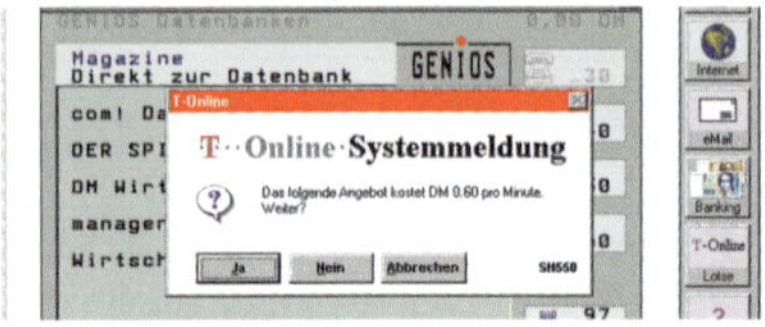

Wenn Sie den Hinweis bestätigen, werden von nun an die genannten Gebühren berechnet - in diesem Fall 60 Pfennig pro Minute, was einer stündlichen Gebühr von 36 Mark entspricht.

In der Statuszeile wird die aktuell erhobene zeitabhängige Gebühr zu Ihrer Information aufgeführt.

5 Je nach Datenbank unterscheiden sich die Masken zur Eingabe der Suchanfrage. Lesen Sie also genau durch, wo der Suchbegriff eingetragen werden muß.

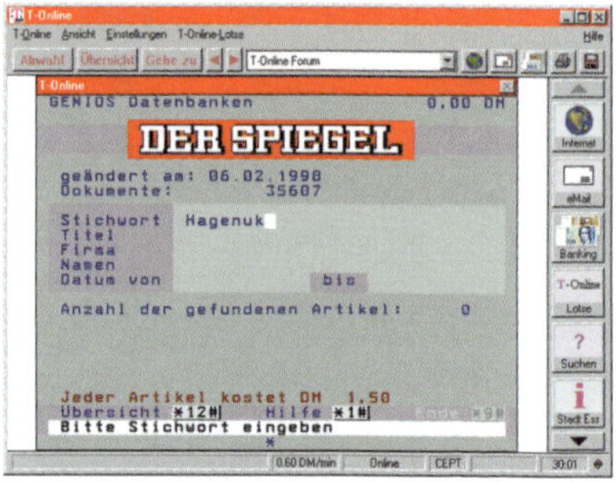

! Vorsicht Eingabe-Taste

Die einzelnen Felder einer Eingabemaske bestätigen Sie mit der Eingabe-Taste. Hüten Sie sich aber davor, die Eingabe-Taste zu häufig hintereinander zu drükken. Wenn Sie am Ende der Eingabemaske angelangt sind, wird nämlich automatisch die nächste Seite aufgebaut, auf der die Eingabe-Taste dann eine völlig neue Funktion haben kann.

6 Sofern aufgrund Ihrer Eingabe Dokumente gefunden werden konnten, werden diese in der Regel auf der nächsten Seite aufgeführt. Um sich ein Dokument anzusehen, geben Sie die zugehörige Nummer ein. Oftmals fallen für die Darstellung der gefundenen Dokumente zusätzliche Gebühren an. Diese müssen Sie wieder bestätigen.

> **! Lieber übertragen**
>
> Damit Sie das gefundene Dokument später in Ruhe lesen können, ohne auf die zeitabhängigen Gebühren achten zu müssen, können Sie die Dokumente in vielen Datenbanken auch auf Ihren Rechner übertragen.

7 Sowie Sie das gewünschte Dokument gefunden haben und keine weiteren Dokumente mehr benötigen, sollten Sie die Datenbank schnellstmöglich - beispielsweise mit „*0#" - verlassen, damit keine weiteren Gebühren anfallen.

Programme von T-Online herunterladen

Innerhalb von T-Online finden Sie nicht nur unzählige Datenbanken mit Informationen im Textformat, auch Programme - zumeist **Shareware**- oder **Freeware**-Programme - stehen in T-Online zum **Download** bereit. Diese können Sie zum Teil kostenlos, zumeist jedoch gegen ein geringes Entgelt auf Ihren Computer übertragen.

1 Wechseln Sie in den T-Online-Lotsen, falls dieser nicht dargestellt wird.

2 Wählen Sie per linkem Mausklick die Kategorie

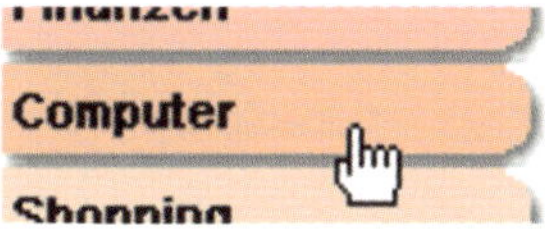

3 Danach klicken Sie im oberen Bereich der Computer-Übersicht auf die Kategorie

4 Wählen Sie den Anbieter, von dem Sie Programme herunterladen möchten, ebenfalls per Klick auf die linke Maustaste.

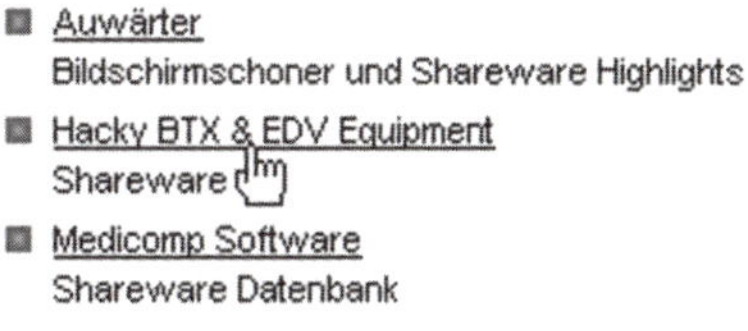

5 Die verschiedenen Anbieter stellen ihre Programme in unterschiedlicher

Form zum Download bereit. Bei TOS müssen Sie beispielsweise auf das Diskettensymbol neben der Kurzbeschreibung des gewünschten Eintrags klicken.

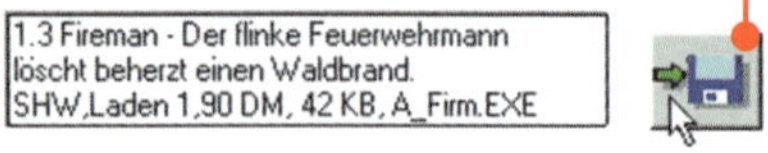

6 Bestätigen Sie die Systemmeldung über den Preis für das ausgewählte Programm, indem Sie auf die Schaltfläche klicken.

7 In der Statuszeile des T-Online-Fensters können Sie nun den Fortschritt der Datenübertragung überprüfen.

Zusätzlich erscheint beim Herunterladen von Programmen der Eintrag

8 Nach Abschluß der Dateiübertragung können Sie wählen, ob Sie das Programm aus dem **KIT**-Anwendungsverzeichnis in einen anderen Ordner verschieben möchten.

Klicken Sie auf die Schaltfläche

, und markieren Sie den Ordner, in den Sie die Datei verschieben wollen.

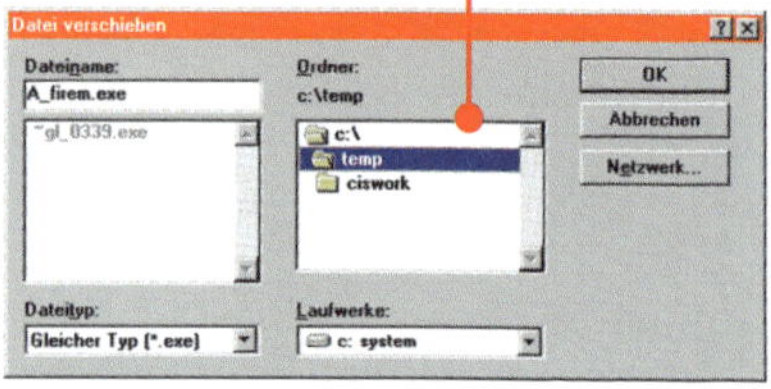

Daraufhin wird die Datei mit einem Klick auf die Schaltfläche

in den gewünschten Ordner verschoben.

Kosten kontrollieren

Die Gebühren für Ihre Online-Aktivitäten werden jeden Monat auf Ihrer Telefonrechnung der Deutschen Telekom AG aufgeführt und zusammen mit der Telefonrechnung abgebucht. Sie können sich aber auch schon vorher ein Bild über die zu erwartende Belastung machen.

1 Klicken Sie in der Symbolleiste mit der linken Maustaste auf das Symbol **Gehe zu**.

2 Tippen Sie im Dialogfenster **Gehe zu** die Seitenzahl „*92#“ ein

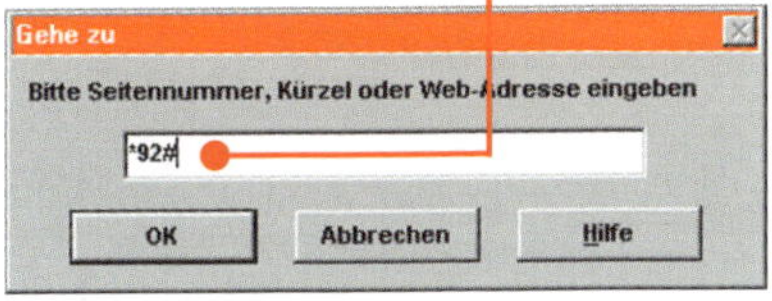

und bestätigen Sie Ihre Eingabe mit **OK**.

3 Auf der Seite „*92#“ werden Ihre Rechnungs- und Nutzungsdaten im einzelnen aufgelistet.

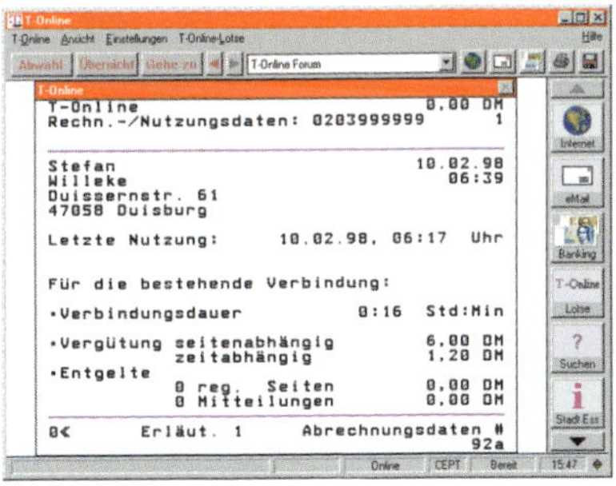

Im unteren Teil der Seite können Sie ablesen, welche Kosten für die bestehende Verbindung bereits aufgelaufen sind.

! Vergütungen

Bei der sogenannten „seitenabhängigen“ Vergütung bildet eine Seite die Berechnungsgrundlage, wobei eine Seite zwischen 1 Pfennig und 9,99 Mark kosten kann.
Die Vergütung „zeitabhhängig“ wiederum bezieht sich auf die Nutzung pro Minute, wobei Kosten zwischen 1 Pfennig und 1,30 Mark pro Minute anfallen können

4 Wenn Sie weitere Informationen über Ihre Abrechnungsdaten erhalten möchten, drücken Sie die ↵-Taste oder geben eine Raute (#) ein.

5 Der Zugang zu Ihren Abrechnungsdaten ist geschützt. Tippen Sie daher Ihr T-Online-Nutzungskennwort ein, und drücken Sie die ↵-Taste.

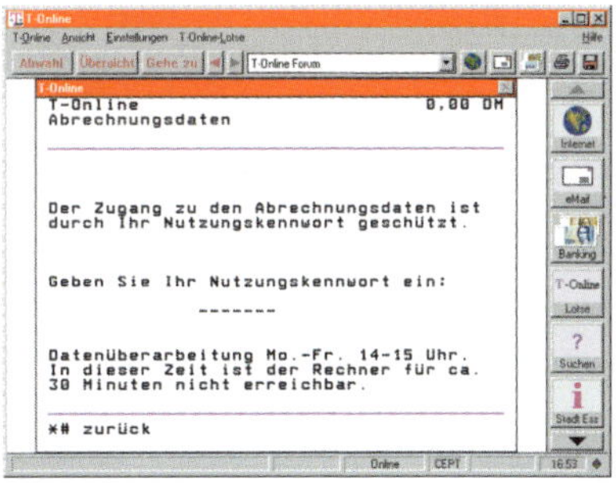

6 Daraufhin gelangen Sie in die Hauptübersicht der Abrechnungsdaten.

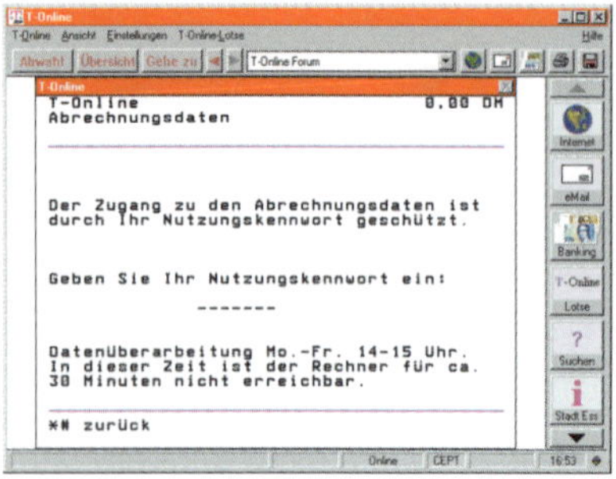

Von hier aus können Sie verschiedene Informationen abrufen. Interessant sind vor allem die Monats- und Tagesdaten.

7 Geben Sie die Ziffer „1“ ein, damit die Monatsdaten eingeblendet werden. Bestätigen Sie die Systemabfrage zur Übermittlung Ihrer persönlichen Daten mit einem Klick auf die Schaltfläche .

In der Monatsabrechnung werden stets zwei Monate dargestellt. Dabei steht der aktuelle Monat an erster Stelle.

```
Aktueller Rechnungsmonat bis 08.02.98

          Entgelte:            13,81  DM
          Vergütungen:         35,05  DM
```

Im unteren Bereich werden die Entgelte und Vergütungen des vorherigen Rechnungszeitraums aufgeführt.

```
Rechnungsmonat 02.98 (16.12.97-22.01.98)

          Entgelte:            12,89  DM
          Vergütungen:          0,07  DM
```

Tragen Sie eine Null (0) ein, um in die Hauptübersicht zurück zu gelangen. Hier können Sie sich auch die Tagesdaten und die Verbindungszeiten darstellen lassen.

8 Durch die Eingabe von „*0#“ kommen Sie wieder zurück in die T-Online-Gesamtübersicht im CEPT-Modus.

5 Elektronische Post

Jeder Teilnehmer bei T-Online hat einen elektronischen Briefkasten, den er rund um die Uhr sieben Tage in der Woche nutzen kann. Es besteht also die Möglichkeit, jederzeit Post zu versenden oder zu empfangen. Elektronische Post wird für gewöhnlich als „**E-Mail**" (bei T-Online „eMail" geschrieben) bezeichnet. E-Mails bieten zwei unschätzbare Vorteile: Zum einen können Sie Post verschicken, ohne zum Briefkasten gehen zu müssen. Zum anderen kann eine E-Mail im Gegensatz zur herkömmlichen Post - unter Online-Freunden gerne als Schneckenpost verhöhnt - binnen weniger Minuten jeden Empfänger, auch am anderen Ende der Welt, erreichen. Nicht nur T-Online-Teilnehmer verfügen über eine eigene **E-Mail-Adresse**, auch die Teilnehmer anderer **Online-Dienste** wie AOL, CompuServe oder MSN besitzen eigene E-Mail-Adressen. Auch diesen Teilnehmern können Sie, unabhängig vom verwendeten Online-Dienst, eine E-Mail zuschicken. Ein weiterer Vorteil besteht darin, daß an E-Mails zusätzlich Dateien angehängt werden können. Auf diese Weise lassen sich umfangreiche Dokumente oder auch **Shareware**-Software problemlos verschicken.

In diesem Kapitel erfahren Sie,

- wie Sie neue E-Mails empfangen,
- wie Sie E-Mails schreiben,
- wie Sie mit dem Ausgangskorb Kosten sparen,
- wie Sie E-Mails mit Dateien verschicken,
- und wie Sie das Adreßbuch führen.

Kapitel-Wegweiser

Das „eMail-Programm“ starten

Bevor Sie auf Ihre E-Mails zugreifen können, müssen Sie das dazugehörige Modul der T-Online-Software starten.

1 Klicken Sie mit der linken Maustaste im T-Online-Fenster auf das **Symbol**

.

Kurz danach wird das Dialogfenster

T-Online eMail

dargestellt, in dem Sie Ihre Zugangsinformationen eintragen.

2 Geben Sie in die erste Zeile Ihre T-Online-Nummer ein.

Teilnehmer: 0203999999

3 In die zweite Zeile gehört Ihre Mitbenutzernummer. Wenn Sie T-Online alleine benutzen, dürfen Sie den vorgegebenen Wert nicht ändern.

Mitbenutzer: 0001

4 In die letzte Zeile tippen Sie schließlich Ihren Namen ein. Falls Sie bereits über einen Alias verfügen, können Sie diesen eingeben.

Name: StWilleke

5 Bestätigen Sie Ihre Eingaben mit einem Klick auf die Schaltfläche

OK

.

Im nun dargestellten Dialogfenster haben Sie Zugriff auf alle Funktionen rund um E-Mails.

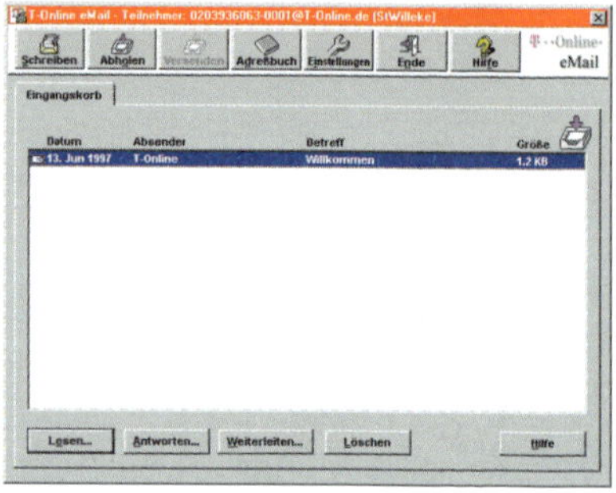

Alias festlegen

Ihre E-Mail-Adresse in T-Online setzt sich zunächst aus Ihrer T-Online-Nummer und der Mitbenutzernummer zusammen:

0203999999-0001@t-online.de

Da eine Adresse dieser Form jedoch wenig aussagekräftig ist und nebenbei auch noch auf Anhieb Ihre Telefonnummer verrät, können Sie einen Alias festlegen, der Ihre Telefonnummer zumindest nicht sofort preisgibt. Erfahrenen Teilnehmern gelingt es allerdings, auch aus einer unter dem Alias verschickten E-Mail Ihre Telefonnummer zu entschlüsseln...

1 Klicken Sie mit der linken Maustaste in der **Menüleiste** der T-Online-Software - nicht im T-Online „eMail-Programm"! - auf den Eintrag Einstellungen.

2 Danach markieren Sie im geöffneten Einstellungen-Menü den Befehl

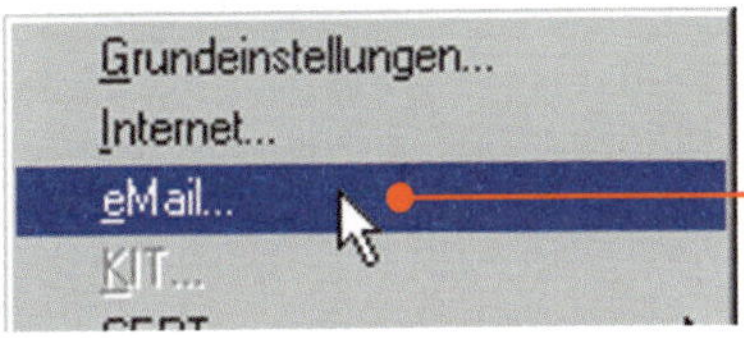

3 Im nun geöffneten Dialogfenster Einstellungen eMail klicken Sie auf die Schaltfläche Alias.

Daraufhin wird eine T-Online-Seite dargestellt, die Auskunft über die Alias-Registrierung gibt. Bestätigen Sie den Hinweis mit einem Druck auf die ↵-Taste.

4 Anschließend bestätigen Sie die Systemmeldung, daß Sie eine Seite mit Ihren persönlichen Daten absenden möchten, mit einem Klick auf die Schaltfläche Ja.

5 Auf der folgenden Seite wird Ihre bisherige Standardadresse für E-Mails angezeigt.

In der unteren Hälfte können Sie nun einen eigenen Alias eingeben oder einen bereits vom System vorgeschlagenen Alias übernehmen. Markieren Sie hierzu einfach das vorangestellte Optionsfeld.

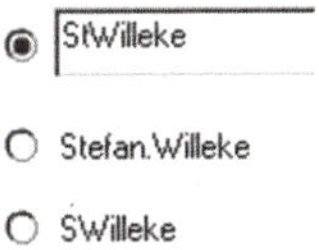

6 Bestätigen Sie Ihre Wahl mit einem Klick auf die Schaltfläche Alias einrichten.

T-Online überprüft nun, ob der von Ihnen gewählte Alias nicht bereits vergeben ist.

Falls der Alias noch nicht vergeben sein sollte und auch den Regeln zur Namensvergabe entspricht, erhalten Sie eine Bestätigung und können die Registrierung mit einem Klick auf die Schaltfläche OK verlassen.

Neue E-Mails abholen

Neue E-Mails werden zunächst bei T-Online für Sie gesammelt. Überprüfen Sie regelmäßig Ihr Postfach bei T-Online, und übertragen Sie neue Nachrichten auf Ihren Rechner.

1 Klicken Sie im „eMail-Programm“ mit der linken Maustaste auf die Schaltfläche

.

2 Das Programm stellt nun eine Verbindung zu T-Online her.

3 Nachdem die T-Online-Software die Verbindung hergestellt hat, meldet sich das „eMail-Programm“ beim zugehörigen Rechner innerhalb von T-Online - dem sogenannten **Server** - an.

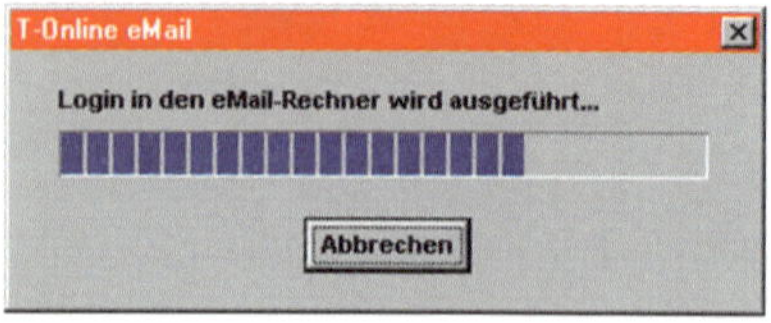

4 Als nächstes werden die im Posteingang vorhandenen Nachrichten dargestellt.

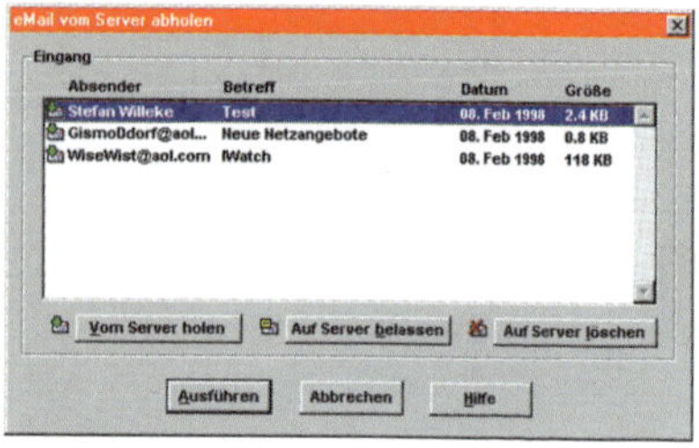

Bis zu diesem Zeitpunkt sind noch keine Nachrichten auf Ihren Computer übertragen worden.

Vor jeder Nachricht erscheint ein Symbol, an dem Sie erkennen können, ob die Nachricht beispielsweise schon gelesen wurde.

In der nächsten Spalte wird der Absender der Nachricht aufgeführt. Wenn der Absendername zu lang ist, wird er verkürzt dargestellt.

WiseWist@aol.com

Danach folgt der Betreff oder das Thema der Nachricht.

Neue Netzangebote

Schließlich wird noch das Datum angezeigt, an dem die Nachricht erstellt wurde.

08. Feb 1998

Als letztes erscheint die Größe der Nachricht.

0.8 KB

Alle Nachrichten im Posteingang sind zunächst zur Übertragung auf Ihren Rechner markiert.

5 Vielleicht möchten Sie einige Nachrichten aber lieber nicht auf Ihren Computer übertragen. Wenn Sie beispielsweise unaufgefordert Werbung erhalten, so können Sie diese bereits auf dem Rechner von T-Online löschen und müssen sie nicht erst auf Ihren Computer herunterladen.

Markieren Sie die Nachricht, die Sie bereits auf dem Server löschen möchten, mit der linken Maustaste

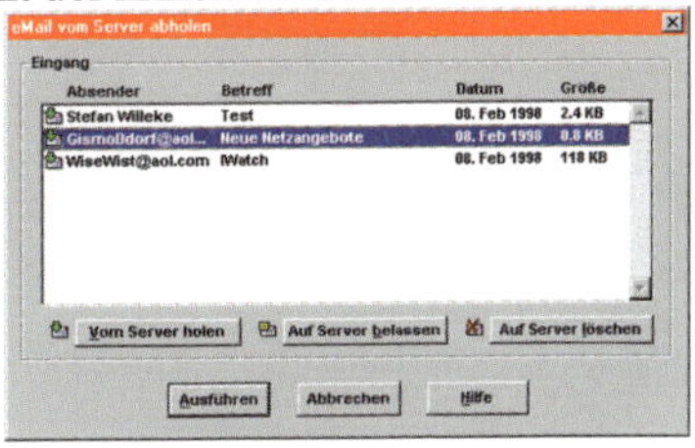

und klicken Sie auf die Schaltfläche

.

Vor der Nachricht erscheint nun das Symbol

,

das darauf hinweist, daß die Nachricht bereits auf dem T-Online-Rechner gelöscht wird.

6 Neben normalem Text kann eine E-Mail auch Dateien enthalten und damit sehr umfangreich werden. Falls Sie keine Zeit haben, die Nachricht in der aktuellen Sitzung zu übertragen, können Sie sie auf dem Server stehen lassen. Hierzu müssen Sie die E-Mail jedoch aus der Liste zur sofortigen Übertragung entfernen.

Markieren Sie die Nachricht, die Sie im Augenblick lieber nicht übertragen wollen, mit der linken Maustaste

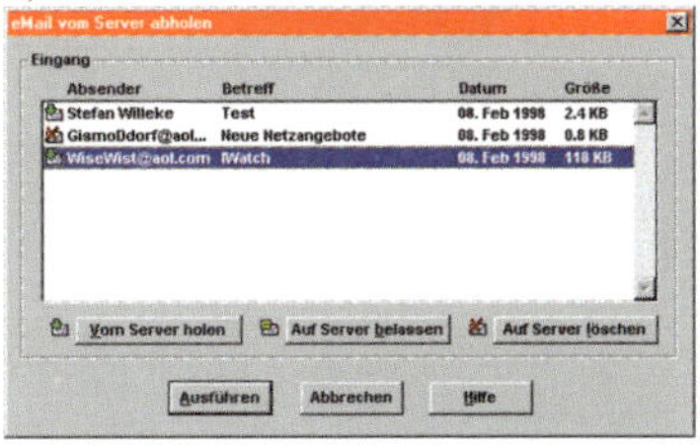

und klicken Sie auf die Schaltfläche

.

Vor der Nachricht erscheint nun das Symbol

7 Falls Sie es sich anders überlegen - kein Problem: Wenn Sie eine Nachricht, die Sie zum Verbleib oder gar zum Löschen auf dem Server freigegeben haben, doch übertragen möchten, können Sie die Option ändern. Markieren Sie einfach die gewünschte Nachricht, und klikken Sie auf die Schaltfläche

.

8 Nachdem Sie allen Nachrichten die gewünschten Attribute zugewiesen haben, können Sie die Befehle an den Server schicken.

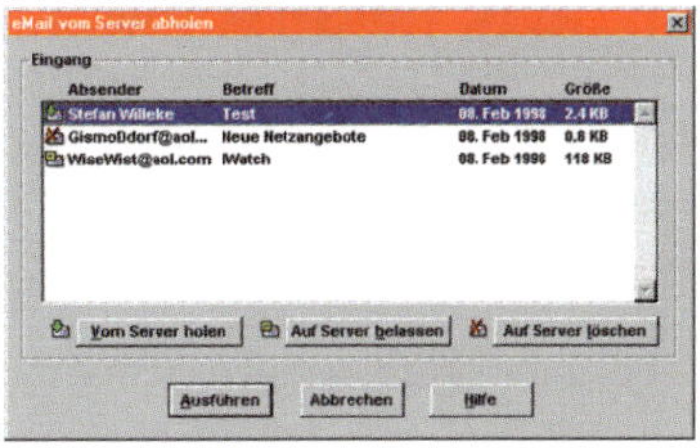

Klicken Sie hierzu auf die Schaltfläche

.

Die Nachrichten werden nun entsprechend Ihrer Vorgabe übertragen, auf dem Server belassen oder gelöscht.

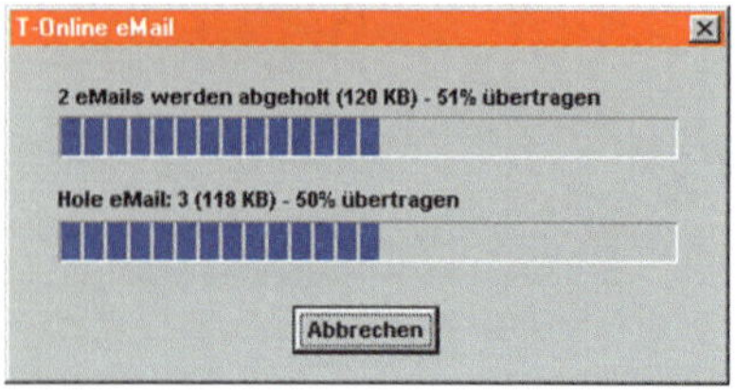

9 Nachdem Sie Ihre Post abgeholt haben, sollten Sie die Verbindung zu T-Online wieder trennen. Sie können die E-Mails dann ohne Zeitdruck **offline** lesen. Bestätigen Sie hierzu das Dialogfenster mit einem Klick auf die Schaltfläche

.

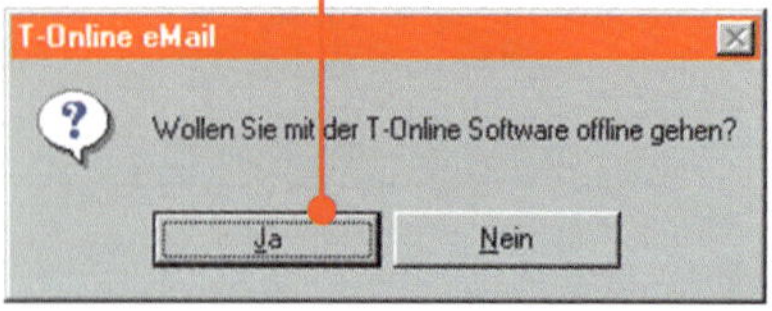

E-Mails lesen

Sobald Sie die Nachrichten vom T-Online-Server übertragen haben, liegen sie im Eingangskorb.

1 Im Eingangskorb werden die vom Server übertragenen Nachrichten aufgelistet. Falls der Eingangskorb nicht dargestellt werden sollte, klicken Sie mit der linken Maustaste auf die **Registerkarte**

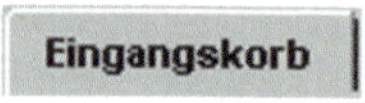

.

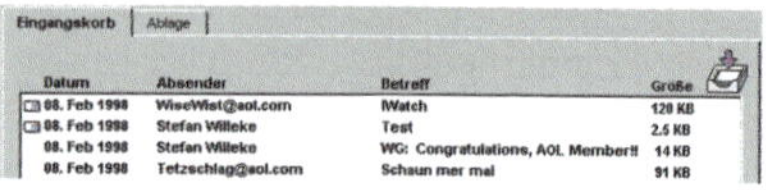

Neue, ungelesene Nachrichten erkennen Sie am vorangestellten Briefsymbol.

2 Um eine Nachricht zu lesen, markieren Sie diese mit der linken Maustaste und klicken auf die Schaltfläche

.

3 Die ausgewählte Nachricht wird nun in einem eigenen Dialogfenster dargestellt.

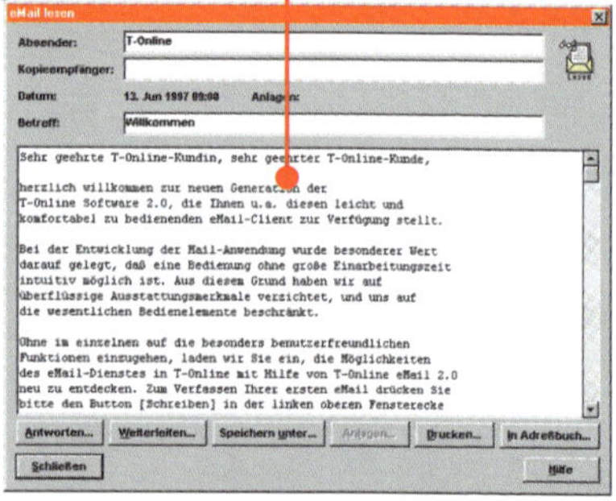

In der obersten Zeile wird der Absender der Nachricht angegeben, der Ihnen die Nachricht zugeschickt hat.

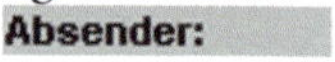

E-Mails können gleichzeitig an mehrere Personen verschickt werden. In diesem

Fall erscheinen weitere Empfänger im Feld **Kopieempfänger:**.

Wann der Absender die Nachricht auf den Weg gebracht hat, können Sie im Feld **Datum:** ablesen.

Hinter dem Datum erkennen Sie, ob eine Datei angefügt ist.

Anlagen:

Die Titelangabe zu einer E-Mail erleichtert es dem Empfänger, die Nachricht bereits vor dem Lesen einzuschätzen. Ein Betreff ist zwar keine Pflicht, dennoch werden Sie in den meisten Fällen E-Mails mit einem Titel empfangen. Dieser wird im Feld **Betreff:** dargestellt. Unterhalb dieser Felder erscheint der eigentliche Text der E-Mail.

Mit Hilfe der **Bildlaufleiste** am rechten Fensterrand können Sie die Nachricht durchblättern und den Text nach oben schieben.

4 Nachdem Sie die E-Mail gelesen haben, gelangen Sie mit einem Klick auf die Schaltfläche

Schließen

zurück zur vorherigen Ansicht.

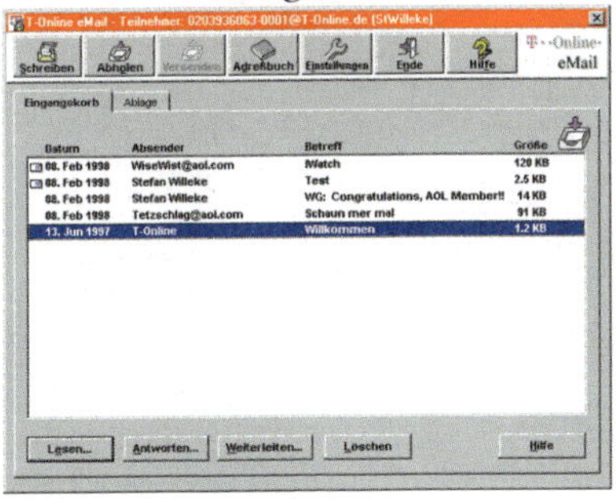

Der zuvor dargestellte Briefumschlag vor der Nachricht ist nun verschwunden, woran man erkennen kann, daß die Nachricht mittlerweile gelesen wurde.

E-Mails schreiben und abschicken

Das Verfassen von eigenen E-Mails ist mit dem E-Mail-Modul denkbar einfach. Sie benötigen lediglich die E-Mail-Adresse der Person, der Sie schreiben möchten, und müssen den Text eingeben.

Wenn Sie bereits **online**, also mit T-Online verbunden sind, können Sie Nachrichten verfassen und sofort absenden. Bei längeren E-Mails empfiehlt es sich jedoch, den Text offline zu verfassen.

1 Starten Sie gegebenenfalls das „eMail-Programm", und klicken Sie auf das Symbol

Schreiben.

2 Geben Sie zunächst in die erste Zeile die E-Mail-Adresse des Empfängers ein.

Empfänger: Hans.Glueck@t-online.de

3 Sofern Sie die E-Mail weiteren Personen schicken möchten, tragen Sie deren Adressen in das folgende Feld ein:

Kopieempfänger: Peter.Pech@t-online.de

Von uns bekommt ihr,

»Du siehst es selbst – das Publikum rast«! HAPE KERKELING

Dank Monty Arnold sind die »Väter der Klamotte« zu neuem Leben erwacht. Der Live- und Fernsehkomiker schwelgt in Reminiszenzen an saarländische Tage als Profi-Einrahmer von Urlaubsdias und durchstreift Parodien, Comics, irrwitzige Dramen und Einakter.

36207 · DM 19,90
öS 145,–/sFr 19,–
Juli 1998

Kein blöder Land in dieser Zeit

Dietmar Wischmeyer, Erfinder des »Kleinen Tierfreundes« und des »Frühstyxradios«, fährt mit dem Rasiermesser durch den deutschen Alltag. Danach sieht keiner mehr seine Umgebung mit den gleichen Augen – außer er gehört zu den Bekloppten und Bescheuerten dieses Landes.

36203 · DM 18,90
öS 138,–/sFr 18,–

Grand-Prix-Fieber!

Jedes Jahr vereint sich Europa, beim Grand Prix sind alle dabei. Vortrag, Musik und Kostüm werden mit Punkten bedacht und dreisprachig in den Schlagerhimmel gebetet – und hier erhalten die wahren Fans endlich die entsprechende Würdigung.

36205 · DM 22,90
öS 167,–/sFr 21,–

Mit einem Grußwort von Guildo Horn

Fun Factory

was ihr braucht: FUN

Keine Feier ohne Flyer !

Von Technoclubs bis hin zur Easy Listening Party – das Wo und Wann erfahren tanzwütige BARFLIES auf diesen bedruckten Handzetteln. »Flyermania« bietet eine Auswahl für Techno-Junkies, Art Direktoren und Kulturrevolutionäre.

36202 · DM 19,90
öS 145,–/sFr 19,–

Who put the sex into my Sechskornbrötchen ?

Gayle Tufts, Stand-up-Comedienne und Dinglish-Expertin, plappert hinreißend schräg über den Kühlschrankinhalt schwuler Männer, Silikonbusen und die Stadt der schwarzen Schafe.
»Der Geheimtip der Saison.«
SPIEGEL EXTRA

36204 · DM 19,90
öS 145,–/sFr 19,–

Hallo, liebe Fernbedienungshalter !

Stefan Jürgens liefert endlich die Erklärung dafür, wie ein halbwegs anständiger Mensch zum Fernsehen kommt, sinniert über absurde TV-Serien, Quotengier, den krisenfesten Arbeitsplatz als professioneller Talkshowgast...

36201 · DM 19,90
öS 145,–/sFr 19,–

4 Damit der Empfänger bereits einen Anhaltspunkt hat, worum es in Ihrer E-Mail geht, sollten Sie einen Betreff eintippen. Dies ist zwar keine Pflicht, gehört jedoch zum guten Ton.

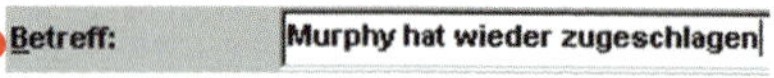

! Der Ton macht die Musik

Achten Sie beim Verfassen von E-Mails stets darauf, daß elektronische Nachrichten in der Regel zwar einen recht lockeren Charakter haben, jedoch mit einem schweren Handicap zu kämpfen haben: Niemand kann eine sarkastische oder spaßige Bemerkung zwischen den Zeilen lesen, da keine grafischen Gestaltungsmittel wie in handschriftlichen Briefen zu Verfügung stehen. Damit Stimmungen und Gefühle ausgedrückt werden können, haben sich sogenannte „Smileys" oder „Emoticons" durchgesetzt, die auf kleinem Raum ohne große Erklärungen ein Licht auf die Gemütslage des Verfassers werfen. Wenn Sie die Smileys nicht sofort als solche erkennen – legen Sie den Kopf beim Lesen der Smileys auf die linke Schulter...

Hier die am häufigsten verwendeten Smileys:

:-)	Standard-Smiley – lächeln
:-(	trauriger Smiley
;-)	zwinkernder Smiley
:...(	weinender Smiley
:-{	bärtiger Smiley
8-)	bebrillter Smiley
:-)8-<	großes Mädchen
8:-)-<	kleines Mädchen
@>-->--	Rose
0:-)	engelhafter Smiley

5 Nun können Sie mit der Texteingabe beginnen. Wie in „klassischen Briefen" sollten Sie auch in Ihrer elektronischen Post mit einer Anrede beginnen und den Text mit einigen Abschiedsworten beenden. Ansonsten ist der Umgangston in E-Mails recht locker - in der Regel duzt man sich auch mit „Fremden" - die es online eigentlich nicht gibt.

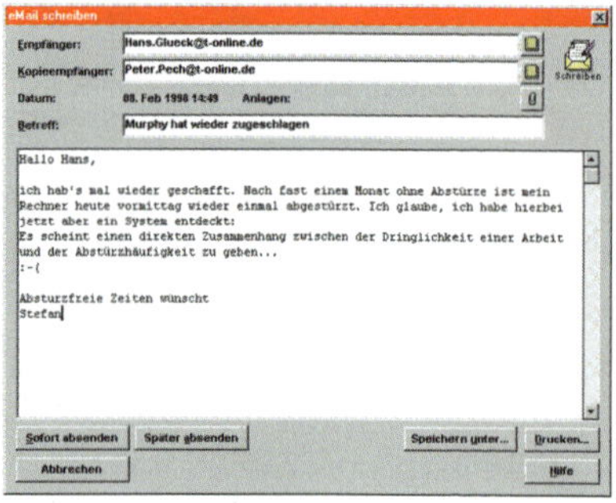

6 Wenn Sie bereits mit T-Online verbunden sind, können Sie die Nachricht sofort verschicken. Klicken Sie hierzu auf die Schaltfläche

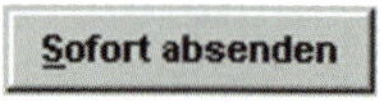

.

Die Nachricht wird nun zum Versand vorbereitet

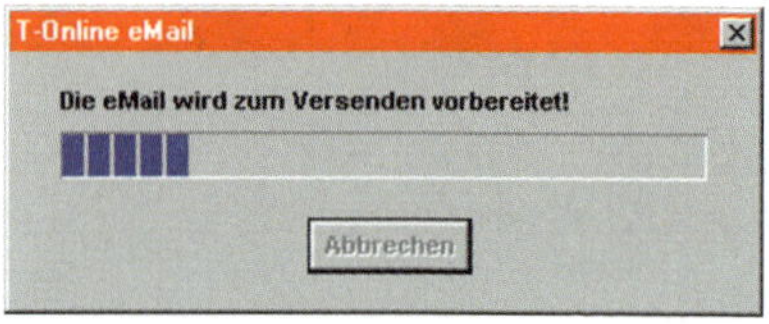

und danach abgeschickt.

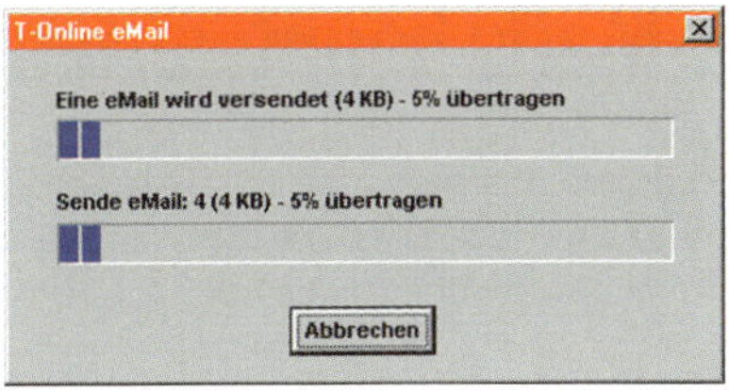

Dateien verschicken

Neben dem normalen Text können Sie zusammen mit einer E-Mail auch Dateien verschicken. Diese werden als Anlage an die E-Mail angehängt.

1 Starten Sie gegebenenfalls das „eMail-Programm“ der T-Online-Software, und klicken Sie auf das Symbol

.

2 Geben Sie wie gewohnt den Empfänger der Adresse ein.

3 Füllen Sie das dritte Feld aus, und tippen Sie einen Betreff für die E-Mail ein.

4 Anschließend schreiben Sie den Text der E-Mail. Falls es Probleme mit dem Versand der Datei geben sollte, ist es hilfreich, wenn Sie im Text zusätzlich den Dateinamen und eventuell das Dateiformat der versendeten Datei vermerken.

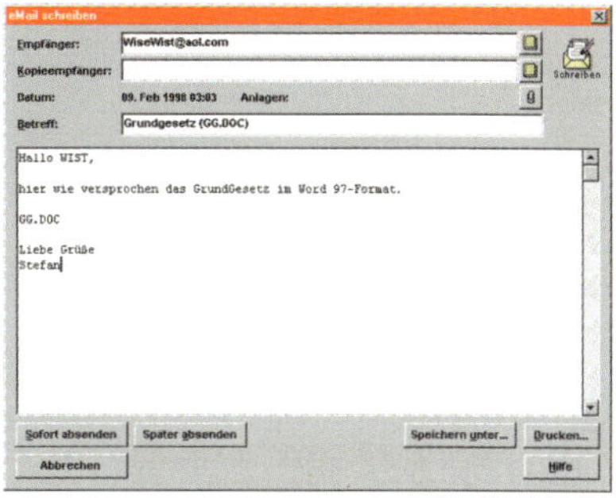

5 Klicken Sie im oberen Teil des Dialogfensters auf das Symbol

.

6 Im nachfolgenden Dialogfenster betätigen Sie die Schaltfläche

.

7 Navigieren Sie nun in den Ordner, der die zu versendende Datei enthält, markieren Sie diese, und klicken Sie auf die Schaltfläche

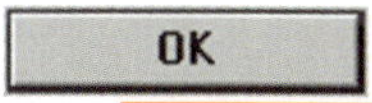

.

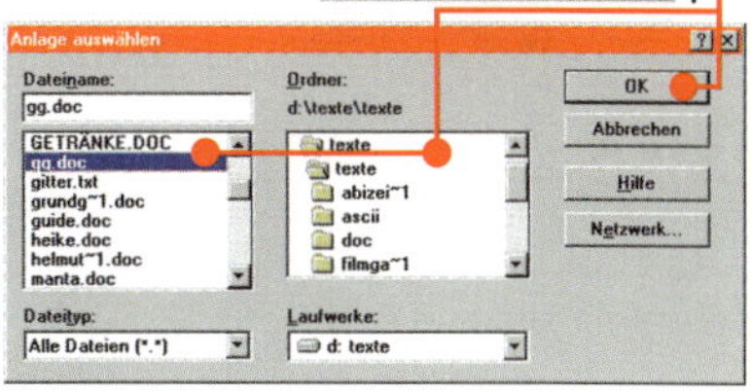

8 Daraufhin wird die ausgewählte Datei dargestellt.

Bestätigen Sie die Anlage mit **OK**, und kehren Sie zurück ins Dialogfenster **eMail schreiben**.

! Weniger ist mehr

Es besteht zwar grundsätzlich die Möglichkeit, mehrere Dateien auf einmal zu verschicken, jedoch sollten Sie davon Abstand nehmen. Je nach verwendeter Software kann es durchaus vorkommen, daß der Empfänger nur einzelne Dateianlagen lesen kann. Bevor Sie also das erste Mal eine Datei an jemanden versenden, sollten Sie mit einer kleinen Datei überprüfen, ob der Empfänger Ihre Datei tatsächlich problemlos empfangen und nutzen kann.

9 Sie können die E-Mail nun sofort absenden oder aber - wie einige Seiten weiter beschrieben - zu einem späteren Zeitpunkt verschicken.

E-Mails beantworten

Wenn Sie elektronische Post von Ihren Freunden erhalten, möchten Sie diesen sicherlich antworten. Nichts leichter als das.

1 Wechseln Sie gegebenenfalls in das „eMail-Programm", und markieren Sie im Eingangskorb die E-Mail, auf die Sie antworten möchten, indem Sie sie mit der linken Maustaste anklicken.

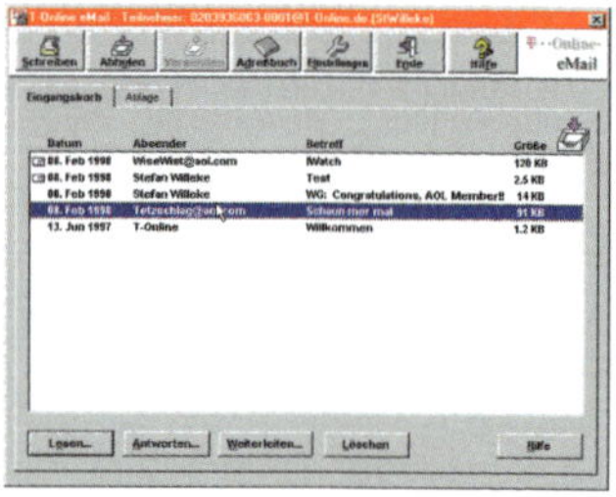

2 Klicken Sie nun mit der linken Maustaste auf die Schaltfläche **Antworten...**.

3 Im folgenden Dialogfenster **eMail beantworten** sind alle wichtigen Felder bereits ausgefüllt.

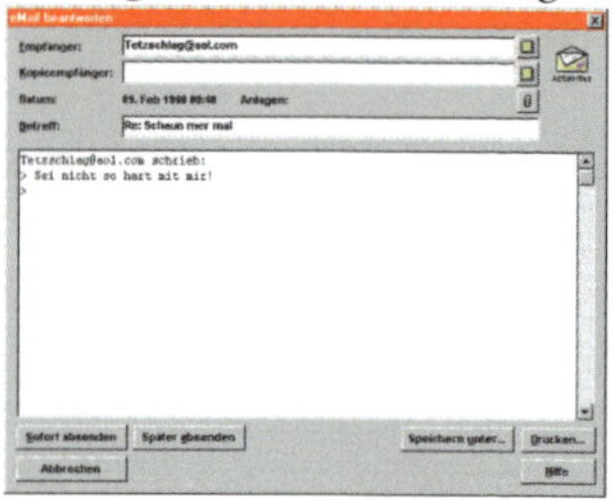

In der ersten Zeile wurde der Absender der Nachricht als neuer Empfänger übernommen.

Empfänger:

Ebenso wurde der Betreff der Nachricht automatisch eingefügt.

Betreff:

Hierbei wurde vor dem Betreff der E-Mail, auf die Sie nun antworten, die Zeichenkette „Re:" gestellt. Diese Abkürzung steht für das englische Wort „Reply", wodurch die Nachricht als Antwort gekennzeichnet wird.

Betreff: **Re: Schaun mer mal**

Der Text der Original-E-Mail, auf die Sie jetzt antworten wollen, wurde ebenfalls in die Antwort übernommen.

Am Anfang jeder Zeile finden Sie hier das Zeichen „>". Damit wird in E-Mails ein Zitat aus einer anderen E-Mail gekennzeichnet. Dies ist besonders hilfreich, wenn Sie auf umfangreiche Nachrichten antworten möchten. So können Sie jeweils die Frage oder bestimmte Textpassagen Ihres Adressaten übernehmen und Ihre Antwort direkt dahinter schreiben.

Falls Sie hingegen keinen Text übernehmen möchten, können Sie den zitierten Text selbstverständlich löschen. Markieren Sie hierzu den Text, und drükken Sie die Taste [Entf].

4 Nun geben Sie den Text Ihrer Antwort ein.

Danach können Sie die E-Mail sofort oder aber später verschicken.

E-Mails später verschicken

Um Ihre Online-Zeiten - und somit auch Ihre Kosten - so gering wie möglich zu halten, sollten Sie sich angewöhnen, einzelne E-Mails nicht sofort abzuschicken. Statt dessen empfiehlt es sich, zunächst alle E-Mails zu schreiben, die man verschicken möchte, und diese dann auf einmal zu übertragen.

1 Trennen Sie gegebenenfalls die Verbindung zu T-Online, und wechseln Sie in das „eMail-Programm".

2 Schreiben Sie nun, wie auf den vorherigen Seiten beschrieben, Ihre E-Mail.

3 Nachdem Sie die Nachricht verfaßt haben, klicken Sie auf die Schaltfläche [Später absenden].

Daraufhin wird Ihre E-Mail im Ausgangskorb gespeichert. Hierüber gibt Ihnen auch ein Hinweis-Fenster Auskunft.

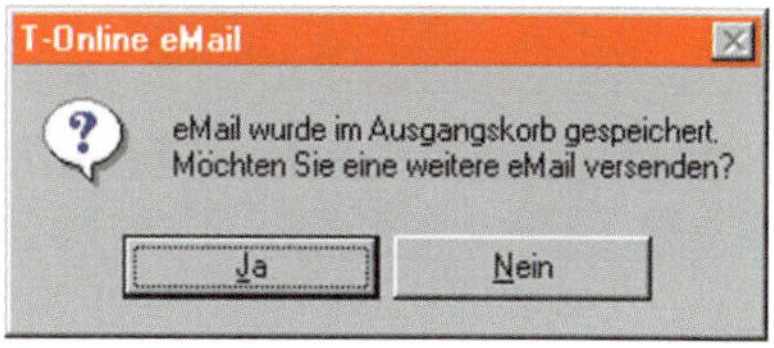

Wenn Sie eine weitere E-Mail schreiben wollen, klicken Sie einfach auf die Schaltfläche [Ja].

! Was kostet eine E-Mail?

Bei T-Online müssen Sie nicht extra für jede E-Mail einen bestimmten Betrag bezahlen. Beim Versenden und Empfangen von E-Mails fallen neben den üblichen Telefonkosten und T-Online-Gebühren keine zusätzlichen Kosten an. Besonders preiswert ist es daher, alle Nachrichten zunächst offline, also ohne Verbindung zu T-Online, zu schreiben und diese dann später in einem Rutsch an T-Online zu übertragen.

Verfassen Sie auf diese Weise alle gewünschten E-Mails. Nachdem Sie die letzte Nachricht geschrieben und mit

Später absenden

in den Ausgangskorb verschoben haben, klicken Sie im Hinweis-Fenster auf die Schaltfläche

Nein.

Jetzt wird wieder der Eingangskorb dargestellt.

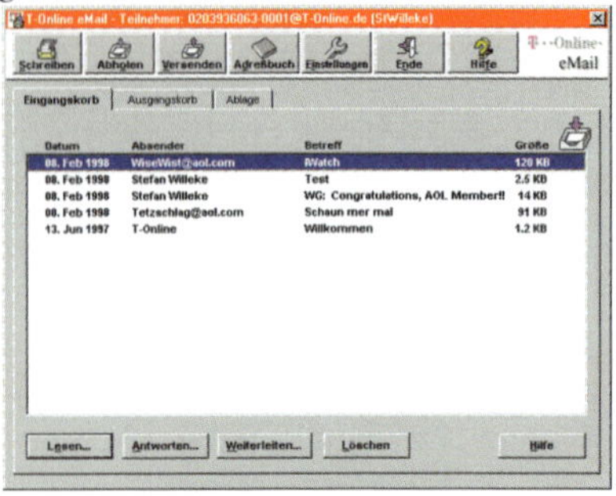

4 Um zu überprüfen, welche E-Mails im Ausgangskorb auf den Versand warten, klicken Sie auf die Registerzunge

Ausgangskorb.

Im Ausgangskorb werden nun alle E-Mails angezeigt, die zur späteren Auslieferung hierhin verschoben wurden.

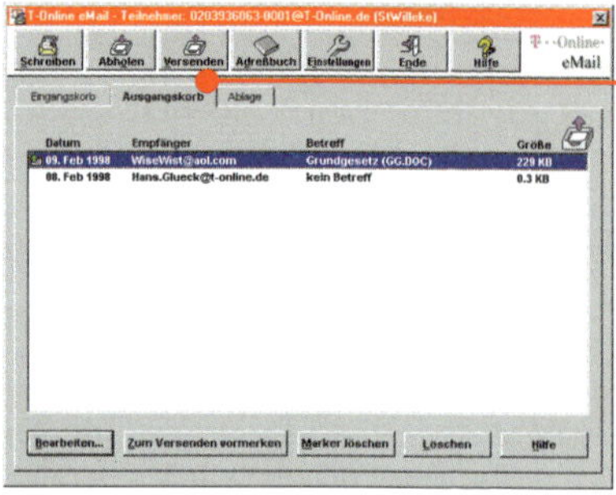

5 Sofern Sie eine E-Mail bei der nächsten Verbindung zu T-Online nicht verschicken möchten, müssen Sie diese aus der Liste streichen.

E-Mails, die beim nächsten Aufruf versendet werden, erkennen Sie am vorangestellten Marker-Symbol .

Markieren Sie die E-Mail, die nicht verschickt werden soll, und klicken Sie auf die Schaltfläche **Marker löschen**.

6 Damit eine E-Mail, die ohne Marker dargestellt wird, für das spätere Versenden vorbereitet werden kann, markieren Sie diese und klicken auf die Schaltfläche

Zum Versenden vormerken.

7 Wenn Sie die vorgemerkten E-Mails an T-Online verschicken wollen, klikken Sie auf das Symbol

.

Die T-Online-Software baut nun eine Verbindung zu T-Online auf und meldet sich beim E-Mail-Rechner an.

Nachdem Ihr Computer mit T-Online verbunden ist, werden alle zur Übertragung vorgemerkten E-Mails versendet.

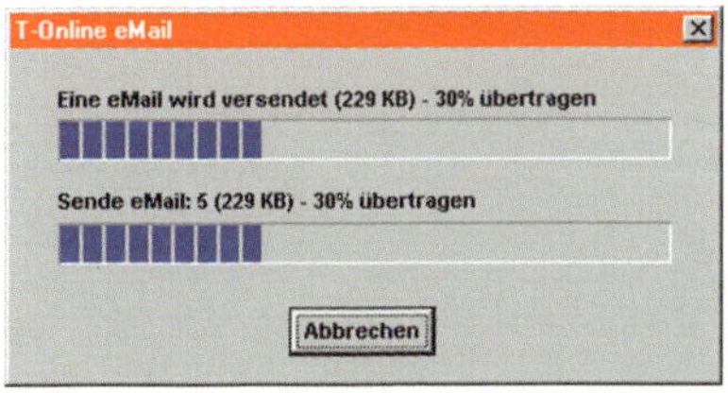

Da Sie gerade mit T-Online verbunden sind, sollten Sie gleich noch einen Blick in Ihren Posteingang werden. Verneinen Sie die Frage, ob Sie offline gehen möchten.

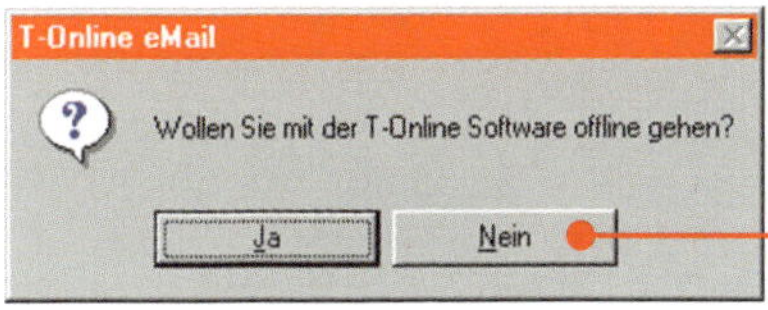

Mit einem Klick auf das Symbol

werden alle E-Mails, die auf dem T-Online-Server auf Sie warten, dargestellt, und Sie können sie ganz nach Wunsch übertragen.

E-Mails weiterleiten

Sie haben eine eMail erhalten, bei der Sie sich sicher sind, daß diese auch einen Freund interessieren könnte? Dann leiten Sie die Nachricht doch einfach weiter!

1 Starten Sie gegebenenfalls das „eMail-Programm“ der T-Online-Software, und wechseln Sie in den Eingangskorb.

2 Markieren Sie nun die E-Mail, die Sie weiterleiten möchten, und klicken Sie am unteren Rand des Dialogfensters auf die Schaltfläche

.

3 Tippen Sie im Dialogfenster

den neuen Adressaten der E-Mail ein, und zwar in dem Feld

.

4 Im Betreff wurde das Thema der Original-E-Mail bereits übernommen und mit dem Kürzel **(fwd)** erweitert. Das Kürzel **(fwd)** steht hierbei für das englische Wort „forward“ - weitergeleitet.

Der Text der Original-E-Mail wird mit dem vorangestellten Zeichen „>“ als Zitat dargestellt. Bei Bedarf lassen sich Zeilen ergänzen.

5 Sie können die E-Mail nun sofort abschicken oder aber per Klick auf die Schaltfläche **Später absenden** in den Ausgangskorb legen und zu einem späteren Zeitpunkt versenden.

E-Mail-Adressen im Adreßbuch erfassen

Wann immer Sie die E-Mail-Adresse eines Empfängers benötigen, können Sie auf das Adreßbuch des „eMail-Programms“ zurückgreifen. Dieses müssen Sie jedoch zunächst mit Adressen füllen.

1 Wechseln Sie gegebenenfalls in das „eMail-Programm“, und klicken Sie auf das Symbol **Adreßbuch**.

2 Das Adreßbuch ist beim ersten Aufruf noch leer.

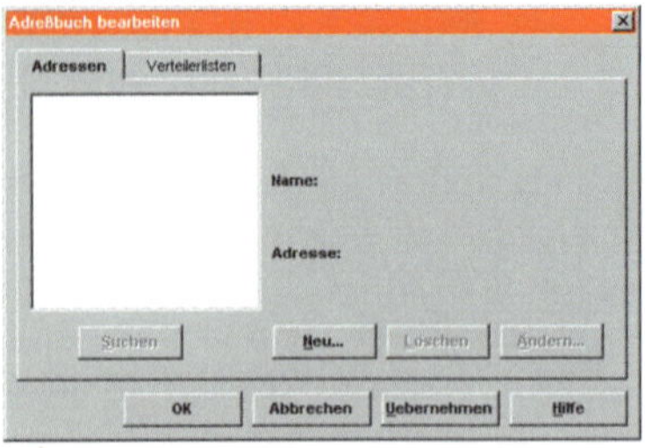

Wenn Sie Einträge in das Adreßbuch aufnehmen möchten, klicken Sie auf die Schaltfläche **Neu...**.

3 Im sich nun öffnenden Dialogfenster **Adresse anlegen** können Sie einen neuen Eintrag vornehmen.

Tragen Sie in das Feld **Name:** den Namen ein, unter dem die E-Mail-Adresse im Adreßbuch gespeichert werden soll.

Das Adreßbuch wird stets alphabetisch aufsteigend sortiert. Sie sollten die Namen daher in der Reihenfolge „Name - Vorname“ eingeben. Die Eingabe von Kommata ist hierbei leider nicht gestattet.

Im Feld **Adresse:** ergänzen Sie die E-Mail-Adresse des Teilnehmers.

4 Nachdem Sie die beiden Zeilen ausgefüllt haben, klicken Sie auf die Schaltfläche **OK**.

5 Wenn sich die E-Mail-Adresse eines Teilnehmers geändert hat, müssen Sie diese auch im Adreßbuch ändern. Markieren Sie den gewünschten Eintrag, und klicken Sie auf die Schaltfläche **Ändern...**.

Danach klicken Sie in das Feld **Adresse:** und nehmen die entsprechenden Änderungen vor. Mit einem Klick auf die

Schaltfläche **OK**

gelangen Sie zurück in das Adreßbuch.

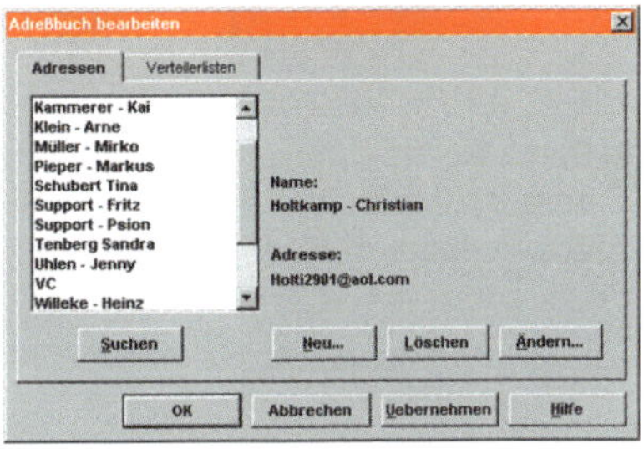

6 Wer keine Lust hat, die Adressen von Hand einzugeben, kann sich einen Teil dieser Fleißarbeit sparen. Auf der Basis der empfangenen E-Mails können Sie das Adreßbuch ebenfalls füllen.

Öffnen Sie eine E-Mail von einem Teilnehmer, den Sie in das Adreßbuch aufnehmen möchten, und klicken Sie im Dialogfenster **eMail lesen**

auf die Schaltfläche

In Adreßbuch....

7 Die Adresse wird nun in beide Felder übernommen. Ändern Sie das erste Feld, das zu Ihrer Information dient, wunschgemäß ab, und klicken Sie auf

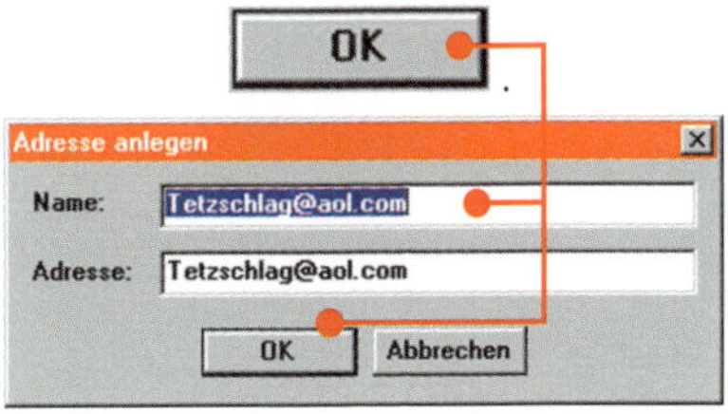

Adreßbuch verwenden

Das Adreßbuch ist also ungeheuer praktisch, wenn es darum geht, eine neue E-Mail zu verschicken oder weiterzuleiten. Denn Sie ersparen sich damit die lästige Tipparbeit und schalten gleichzeitig eine mögliche Fehlerquelle aus.

1 Zugriff auf das Adreßbuch erhalten Sie über das Symbol

hinter den beiden Feldern **Empfänger:** und **Kopieempfänger:** jeweils für das gewünschte Adreßfeld. Klicken Sie mit der linken Maustaste auf das Symbol.

2 Markieren Sie den gewünschten Eintrag im Dialogfenster

Adresse auswählen

mit der linken Maustaste.

3 Mit einem Klick auf die Schaltfläche

Hinzufügen

übernehmen Sie die Adresse.

4 Klicken Sie auf die Schaltfläche

OK,

um das Dialogfenster

Adresse auswählen

zu schließen.

5 Die ausgewählte E-Mail-Adresse erscheint nun im Feld

Empfänger: VC@gismo.gun.de

6 Anschließend schreiben Sie die E-Mail wie gewohnt und schicken sie ab oder „parken“ sie im Ablagekorb.

E-Mail-Einstellungen

Für das Bearbeiten und Versenden von E-Mails können Sie einige Einstellungen vornehmen.

Wechseln Sie gegebenenfalls in das „eMail-Programm“ von T-Online, und klikken Sie auf das Symbol

.

- Damit Nachrichten im Ausgangskorb beim Verbindungsaufbau des „eMail-Programms“ automatisch verschickt werden, aktivieren Sie in der Registerkarte

Allgemein

die Option

eMails abholen
☑ eMails aus Ausgangskorb automatisch versenden.

- Wenn Sie nicht bei jeder Nachricht von Hand eine Grußformel oder **Signatur** eintippen wollen, können Sie diese vorgeben.

Wechseln Sie in die Registerkarte

Signatur,

und tragen Sie den gewünschten Text für Ihre Signatur ein.

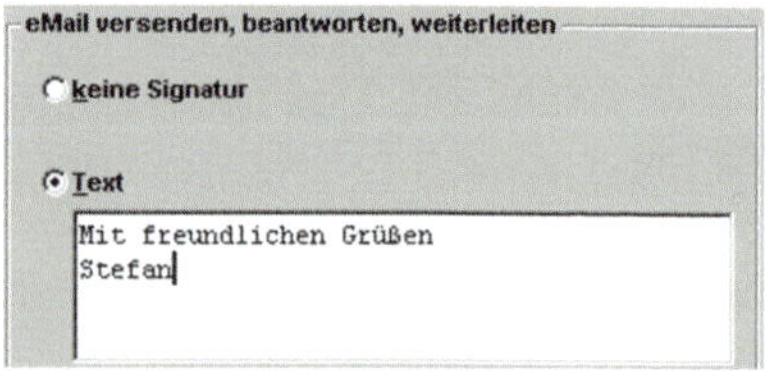

6 Online-Banking mit T-Online

Kennen Sie das? Sie kommen abends nach Hause, und Ihnen fällt siedendheiß ein, daß Sie unbedingt noch eine Überweisung tätigen müßten? Mit einem online verwalteten Girokonto kein Problem. Unabhängig von Öffnungszeiten können Sie von zu Hause aus zu jeder Tages- und Nachtzeit auf Ihr Konto zugreifen. Ob Sie nur Ihren aktuellen Kontostand überprüfen oder aber Überweisungen tätigen möchten - mit T-Online und dem dazugehörigen „Onlinebanking-Programm" geht das alles reibungslos.

Die Abwicklung von Bankgeschäften über T-Online bietet noch weitere Vorteile. So erlassen viele Banken Ihren Kunden bei Online-Transaktionen einen Teil der Gebühren oder bieten Online-Bankern gar eine kostenlose Kontoführung an. Fragen Sie Ihre Bank nach Einzelheiten. Mit einem online geführten Bankkonto können Sie also fast alle Bankgeschäfte von daheim aus regeln - nur das Abheben von Bargeld ist leider nicht möglich...

In diesem Kapitel erfahren Sie,
- wie Sie Ihr Konto einrichten,
- wie Sie Ihren aktuellen Kontostand abfragen,
- wie Sie Kontoauszüge abfragen,
- wie Sie Geld überweisen,
- und wie Sie Termin-Überweisungen tätigen.

Kapitel-Wegweiser

Das „Onlinebanking-Programm“ starten

Mit dem Programm „Onlinebanking“ können Sie grundlegende Funktionen der Online-Kontoführung von zu Hause aus über T-Online ausführen.

1 Starten Sie gegebenenfalls die T-Online-Software.

2 Klicken Sie in der Angebotsleiste mit der linken Maustaste auf das **Symbol**

.

3 Bestätigen Sie das Dialogfenster zur Eingabe des Programmpaßworts beim ersten Start ohne die Eingabe eines Paßworts mit einem Klick auf die Schaltfläche ●.

Bei späteren Aufrufen des Programms müssen Sie das von Ihnen gewählte Programmpaßwort eingeben und dieses mit einem Klick auf die Schaltfläche

OK

bestätigen.

4 Beim ersten Start der „Onlinebanking“-Software werden Sie nun darüber informiert, daß Sie ein Programmpaßwort eingeben können. Bestätigen Sie dies mit einem Klick auf

OK

.

Im nachfolgenden Dialogfenster können Sie jetzt ein neues Paßwort eintragen.

> **! Paßwortschutz?!**
>
> Sie sollten von der Möglichkeit, Ihre Daten mit einem Paßwort zu schützen, unbedingt Gebrauch machen. Denn nur so können Sie verhindern, daß jemand anderes mit der Software Zugriff auf Ihr Konto erhält.

Tippen Sie das Paßwort zunächst in das Feld ● ein.

Neues Passwort: ●

Anstelle der Buchstaben oder Ziffern Ihres Paßworts erscheinen bei der Eingabe Sternchen (*). Dies soll verhindern, daß neugierige Zuschauer auf Ihrem Monitor Ihr Paßwort erkennen können. Damit sich bei der Eingabe im „Blindflug“ keine Tippfehler einschleichen, geben Sie das Paßwort erneut im Feld ● ein.

Passwort wiederholen: ●

Aktivieren Sie das Paßwort mit einem Klick auf die Schaltfläche

.

Anschließend wird das Programm „Onlinebanking" gestartet.

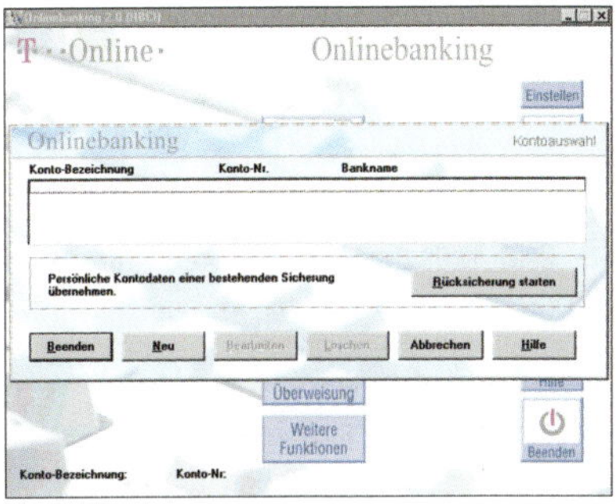

Beim ersten Aufruf ist das Programmfenster völlig leer, da noch kein Konto erstellt wurde.

Konto erstellen

Damit Sie Ihr Konto **online** führen können, müssen Sie hierzu bei Ihrer Bank einen entsprechenden Antrag stellen. Nachdem Sie von Ihrer Bank die Freischaltung für Ihr Konto erhalten haben, können Sie das Konto im Programm „Onlinebanking" einrichten.

1 Starten Sie gegebenenfalls das Programm „Onlinebanking".

2 Nach dem Start von „Onlinebanking" erscheint das Dialogfenster „Kontoauswahl".

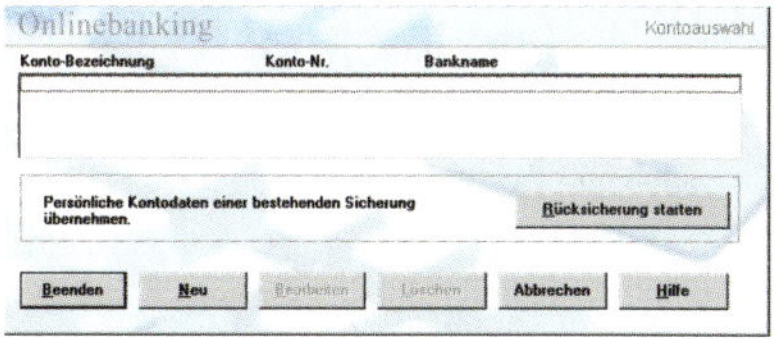

Die Liste der Konten ist zunächst leer, da Sie noch kein Konto erstellt haben.

3 Klicken Sie mit der linken Maustaste auf die Schaltfläche

.

4 Tragen Sie zunächst in das obere Eingabefeld die Bankleitzahl Ihrer Bank ein, und wählen Sie im unteren Feld das Sicherheitsverfahren, mit dem Sie Ihre Transaktionen mit der Bank absichern.

Bestätigen Sie Ihre Eingaben mit einem Klick auf die Schaltfläche

.

5 Im Feld

geben Sie einen Namen für das Bankkonto ein.

Bezeichnung: Geschaeftskonto

6 Damit Sie Ihren Namen bei Überweisungen nicht stets von Hand eintragen müssen, tippen Sie im Feld

Inhaber:

Ihren Namen ein.

Inhaber: Teresa Test

7 Anschließend tragen Sie im Feld

Konto-Nr:

Ihre Kontonummer ein.

Konto-Nr: 12345678

VOLKSBANK NIEDERRHEIN

Unterhalb der Kontonummer wird der Name Ihres Geldinstituts aufgeführt, den das Programm „Onlinebanking“ aufgrund der Bankleitzahl automatisch ermittelt hat.

8 Klicken Sie nun mit der linken Maustaste auf die Registerzunge

Zugang.

Ein Dialogfenster weist Sie auf die Problematik hin, wenn Sie die sogenannte PIN, also Ihre persönliche Identifikationsnummer, im Programm speichern.

Nachdem Sie den Hinweis mit einem Klick auf die Schaltfläche

Schließen

Sicherheit geht vor!

Falls Sie Ihren Computer alleine nutzen oder hundertprozentig sicher sind, daß niemand unberechtigt Zugriff auf Ihren Rechner erhält, können Sie die PIN im Programm speichern. Der Vorteil besteht darin, daß Sie die PIN nicht bei jeder Überweisung manuell eingeben müssen.

bestätigt haben, gelangen Sie in die Registerkarte

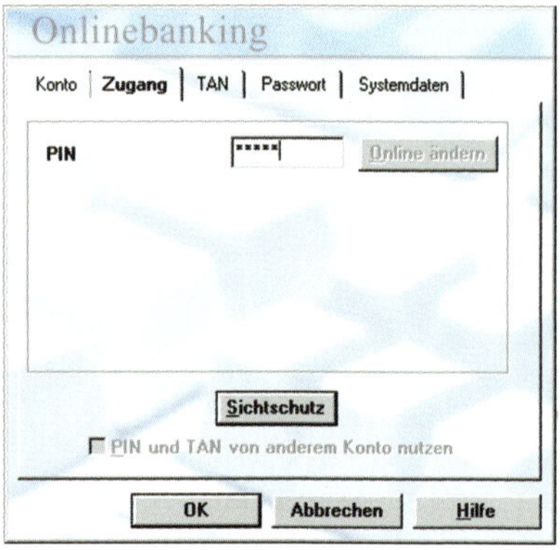

Hier tippen Sie in das Feld

PIN

Ihre persönliche Identifikationsnummer ein. Wie auch schon bei der Eingabe des Paßworts werden die Ziffern bei der Eingabe durch Sterne ersetzt.

PIN *****

Um sicherzustellen, daß Sie keine falsche PIN eingegeben haben, können Sie die Verschlüsselung kurz ausschalten. Klikken Sie hierzu auf die Schaltfläche

Sichtschutz.

Sobald Sie sich davon überzeugt haben, daß die PIN richtig eingetragen wurde,

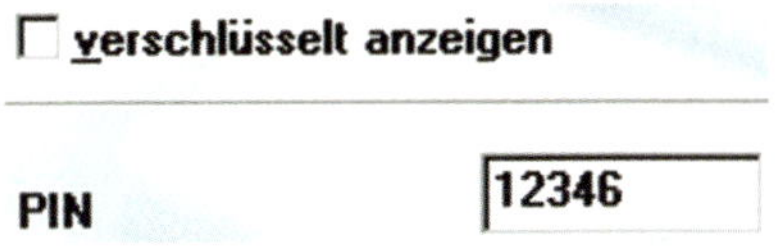

sollten Sie die Verschlüsselung wieder aktivieren, indem Sie erneut auf die Schaltfläche klicken.

Sichtschutz

9 Um in die nächste Registerkarte zu gelangen, klicken Sie auf die Registerzunge

TAN.

Auch hier wird in einem Dialogfenster wieder auf eventuelle Sicherheitsrisiken beim Speichern von TANs hingewiesen. Wenn Sie das Dialogfenster schließen, wird die Registerkarte angezeigt.

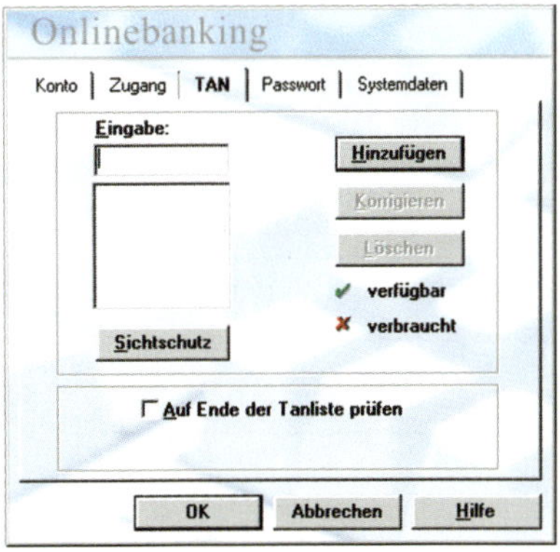

Von PINs und TANs

Die PIN – persönliche Identifikationsnummer – weist Sie als berechtigten Nutzer Ihres Bankkontos aus. Mit Hilfe der PIN können Sie als unkritisch eingestufte Aktionen ausführen, wie beispielsweise die Abfrage Ihres Kontostands und des Kontoumsatzes. Überweisungen können Sie jedoch nicht mit der PIN alleine tätigen. Für eine Überweisung benötigen Sie zusätzlich eine gültige TAN, also eine Transaktionsnummer. Die TAN entspricht hierbei einer Unterschrift. Eine Liste mit Transaktionsnummern erhalten Sie von Ihrer Bank. Jede Transaktionsnummer ist nur einmal gültig. Auf diese Weise ist sichergestellt, daß niemand unberechtigt Überweisungen tätigen kann. Da eine TAN mit dem Absenden einer Überweisung ihre Gültigkeit verliert, könnte jemand, der Ihre Daten abhorcht, diese auf jeden Fall nicht noch einmal verwenden.

Sofern Sie nicht für jede Überweisung eine TAN von Hand eingeben möchten, können Sie einen Vorrat von TANs speichern.

Während der Eingabe sollten Sie die Verschlüsselung ausschalten, damit Sie die eingegebenen TANs auf ihre Richtigkeit hin überprüfen können. Klicken Sie hierzu auf die Schaltfläche

Sichtschutz.

Tippen Sie die TANs exakt in der Reihenfolge, in der sie auf Ihrer TAN-Liste erscheinen, in das Feld „Eingabe“ ein.

Eingabe:

123456

Klicken Sie nach jeder TAN auf die Schaltfläche **Hinzufügen**.

Sobald Sie Ihre TANs eingetragen haben, sollten Sie die Verschlüsselung wieder aktivieren.

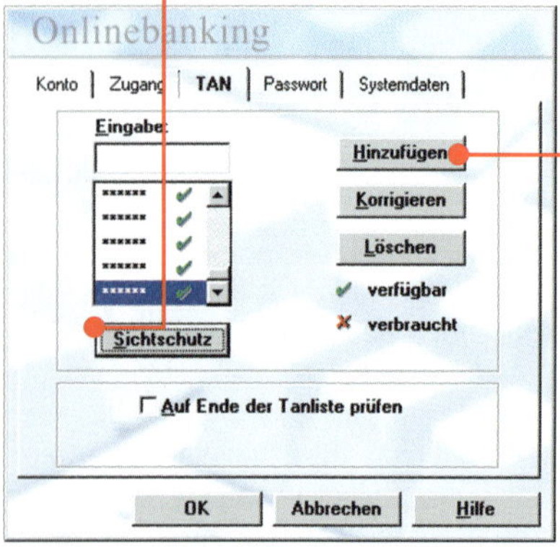

10 Danach klicken Sie auf die Registerzunge **Passwort**.

Die folgende Registerkarte wird eingeblendet:

Wenn Sie Ihren Computer nicht alleine nutzen, sollten Sie hier unbedingt ein Paßwort festlegen! Tragen Sie das Paßwort zunächst in das obere Feld ein.

Neues Passwort:

****

Bei der Eingabe des Paßworts erscheinen anstelle der Buchstaben und/oder Ziffern kleine Sterne. Diese Verschlüsselung verhindert, daß Fremde Zugriff auf Ihr Konto erhalten. Damit sich kein Tippfehler in Ihr Paßwort eingeschlichen hat, wiederholen Sie den Eintrag im unteren **Eingabefeld**.

Passwort wiederholen:

****

Das eingegebene Paßwort schützt zusätzlich zu dem eventuell vergebenen Programmpaßwort ausschließlich das aktuelle Konto.

11 Nachdem Sie alle Eingaben vorgenommen haben, verlassen Sie das Dialogfenster „Onlinebanking" mit einem Klick auf die Schaltfläche **OK**.

Falls Sie Ihr Konto in irgendeiner Form online freischalten müssen, können Sie jetzt mit einem Klick auf die Schaltfläche **Bankrechner anwählen** eine Verbindung zu dem Rechner Ihres Geldinstituts herstellen.

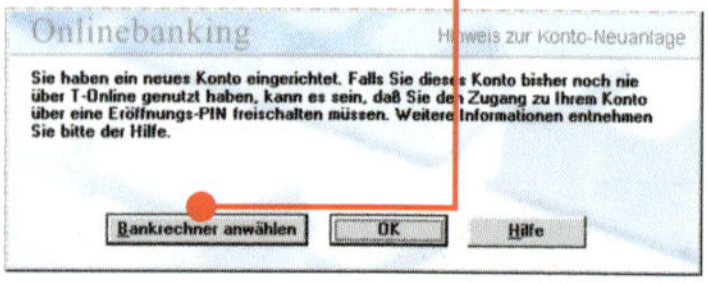

12 Um ein weiteres Konto zu erstellen, wiederholen Sie die Schritte 3 bis 11.

! Zwei Konten – eine Bank

Wenn Sie bei einer Bank mehrere Konten unterhalten, kann es sein, daß Sie für all diese Konten die gleiche PIN nutzen können und auch die TAN-Liste für alle Konten gültig ist. Aktivieren Sie in diesem Fall in der Registerkarte

Zugang

das Kontrollkästchen

☑ **PIN und TAN von anderem Konto nutzen**

und wählen Sie das Konto aus, zu dem Sie die PIN bereits eingegeben haben und mit dem Sie die TANs verwalten möchten.

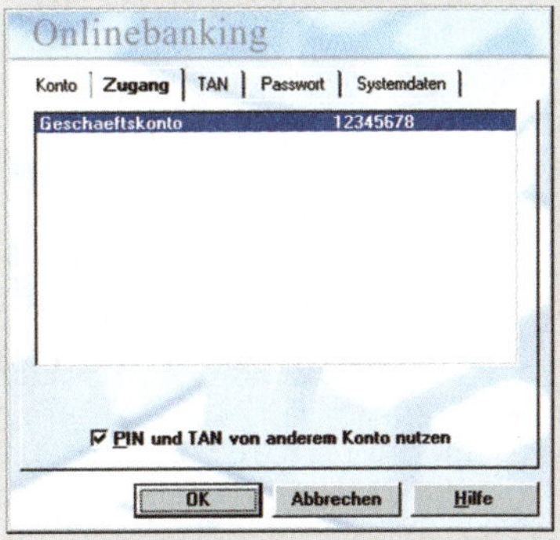

Konto auswählen

Damit Sie mit einem Konto arbeiten können, müssen Sie dieses zunächst auswählen.

1 Starten Sie gegebenenfalls das Programm „Onlinebanking“.

2 Markieren Sie das Konto, mit dem Sie arbeiten möchten, indem Sie es mit der linken Maustaste anklicken.

3 Anschließend klicken Sie auf die Schaltfläche

Auswählen.

4 Wenn Sie das ausgewählte Konto mit einem Paßwort geschützt haben, müssen Sie nun das Paßwort eingeben.

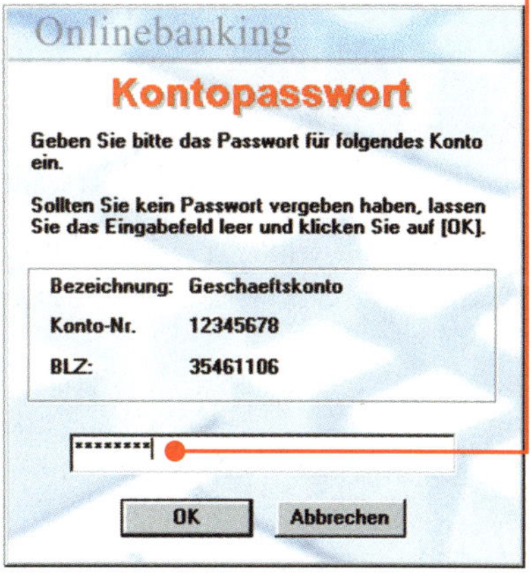

Bestätigen Sie das eingegebene Paßwort mit einem Klick auf die Schaltfläche

OK.

5 Nachdem Sie das gewünschte Konto ausgewählt und gegebenenfalls Ihr Paßwort eingetippt haben, wird das Hauptfenster von „Onlinebanking" dargestellt.

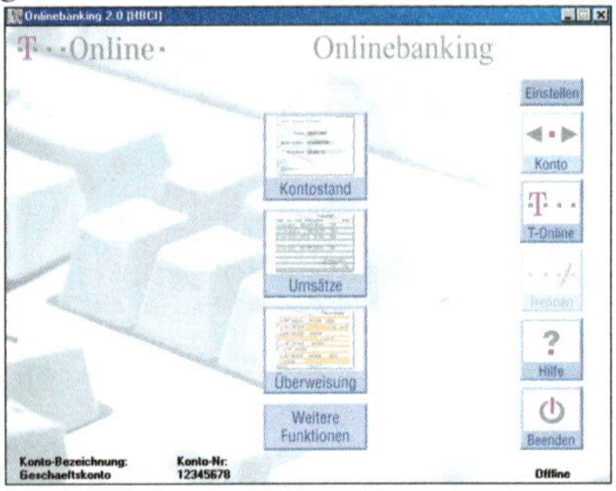

Kontostand abfragen

Mit dem Programm „Onlinebanking" haben Sie Ihren Kontostand stets im Griff.

1 Starten Sie gegebenenfalls das Programm „Onlinebanking", und wählen Sie das Konto aus, dessen Kontostand Sie abfragen möchten.

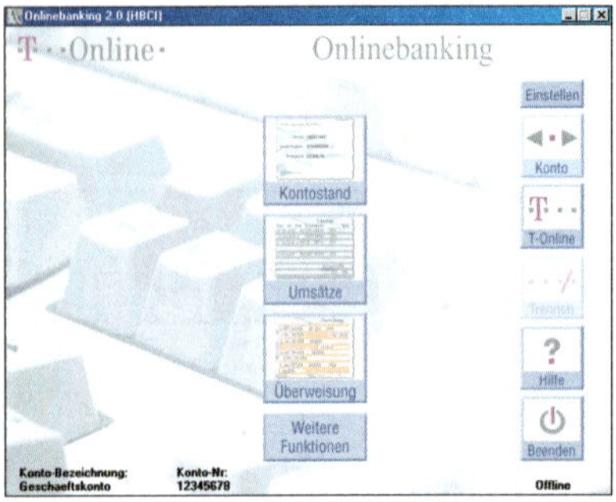

2 Klicken Sie im Hauptfenster von „Onlinebanking" auf das Symbol

.

3 Im Dialogfenster „Kontostand" wird zunächst der zuletzt abgefragte Kontostand angezeigt.

Sofern Sie den Kontostand bisher noch nicht abgefragt haben, ist das Dialogfenster leer.

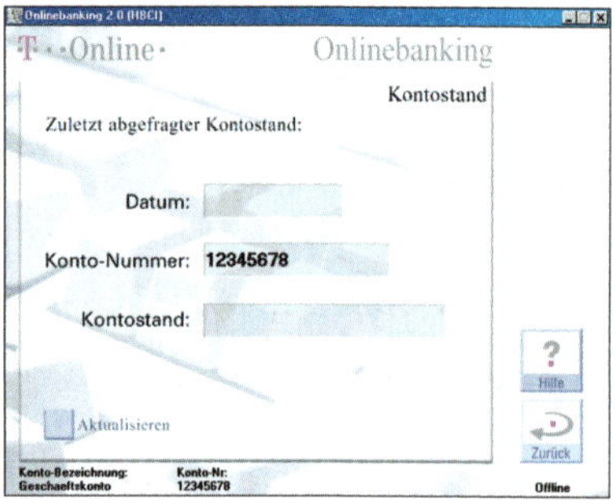

4 Um den aktuellen Kontostand zu erfahren, klicken Sie auf die Schaltfläche

.

Das Programm baut nun eine Verbindung zu T-Online auf und fragt den Kontostand für das Konto ab.

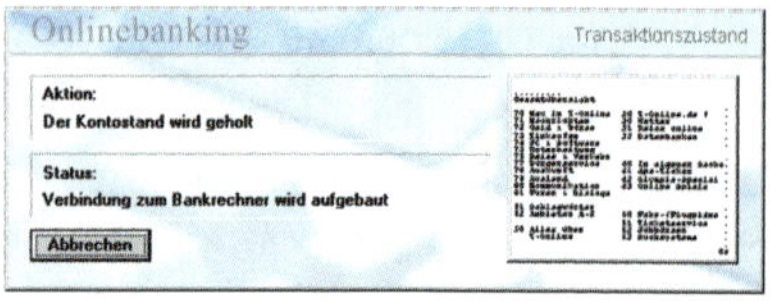

Nachdem alle Daten übertragen wurden, wird wieder das Dialogfenster „Kontostand" dargestellt.

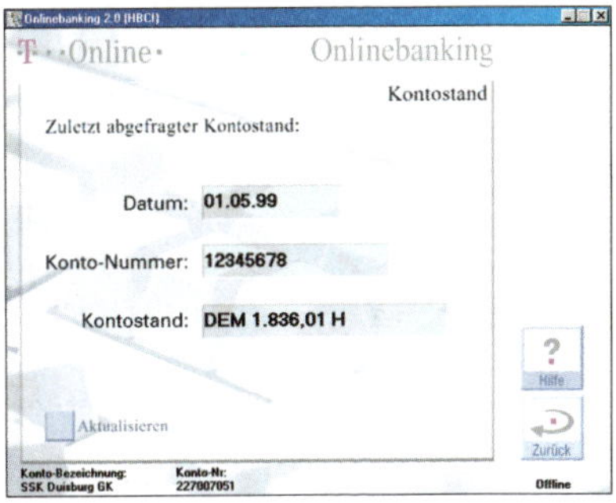

5 Schließen Sie das Dialogfenster „Kontostand", und kehren Sie mit einem Klick auf die Schaltfläche

zurück in das Hauptfenster von „Onlinebanking".

6 In der unteren rechten Ecke erscheint der Hinweis, daß Sie noch mit T-Online verbunden sind.

Online

Falls Sie jetzt noch weitere Aktionen durchführen möchten, bleiben Sie online. Andernfalls sollten Sie die Verbindung zu T-Online trennen. Klicken Sie hierzu mit der linken Maustaste auf das Symbol

.

Anstelle des Hinweises „Online" erscheint nun in der unteren rechten Ecke die Mitteilung

Offline

.

Kontoauszug einlesen

Während Sie mit der Funktion „Kontostand" lediglich den aktuellen Kontostand überprüfen können, erlaubt die Funktion „Umsätze" das elektronische Übertragen eines Kontoauszugs.

1 Starten Sie gegebenenfalls das Programm „Onlinebanking", und wählen Sie das gewünschte Konto aus.

2 Klicken Sie im Hauptfenster des Programms „Onlinebanking" auf das Symbol

.

3 Daraufhin öffnet sich das Dialogfenster „Umsätze".

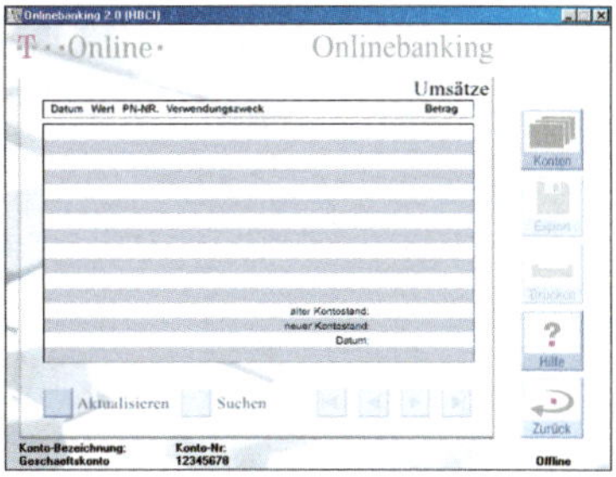

Wenn Sie den Umsatz zuvor noch nie abgefragt haben, ist das Fenster leer.

4 Um einen aktuellen Kontoauszug zu erhalten, klicken Sie auf die Schaltfläche

.

Das Programm baut daraufhin eine Verbindung zu T-Online und Ihrem Bankrechner auf und überträgt den Kontoauszug auf Ihren Computer.

Nachdem der Kontoauszug eingelesen wurde, bleibt die Verbindung zu T-Online bestehen.

5 Kehren Sie mit einem linken Mausklick auf das Symbol

zurück in das Hauptfenster, und trennen Sie die Verbindung zu T-Online.

Kontoauszug ansehen

Nachdem Sie einen Kontoauszug eingelesen haben, können Sie diesen überprüfen.

1 Starten Sie, falls nicht bereits geschehen, das Programm „Onlinebanking", und wählen Sie das Konto aus, dessen Kontoauszug Sie sich ansehen möchten.

2 Klicken Sie im Hauptfenster von „Onlinebanking" auf das Symbol

.

3 Im Dialogfenster „Umsätze" wird nun der Kontoauszug dargestellt.

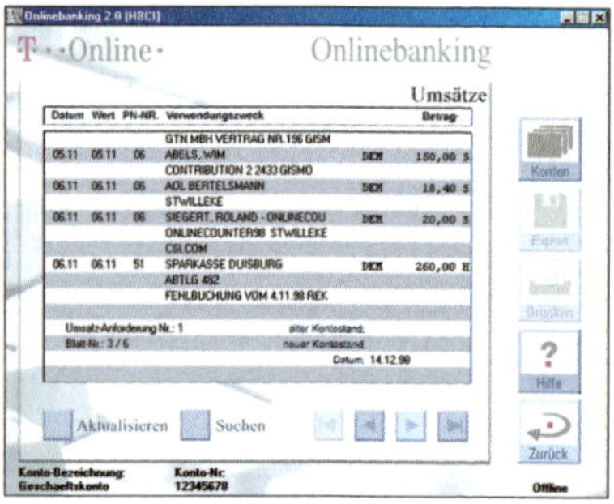

4 Auf jedem Blatt eines Kontoauszugs können stets höchstens zwölf Zeilen stehen. Erstreckt sich ein Kontoauszug über mehrere Blätter, können Sie zwischen den einzelnen Blättern hin und her wechseln. Klicken Sie auf die Schaltfläche

um das vorherige Blatt darzustellen.
Mit einem Klick auf die Schaltfläche

gelangen Sie zum nächsten Blatt.

5 Wenn Sie eine bestimmte Überweisung oder Abbuchung suchen, müssen Sie hierzu nicht mühselig alle Blätter einzeln durchsehen. Sie können das Programm Buchungen automatisch suchen lassen. Klicken Sie auf die Schaltfläche

,

und tippen Sie das entsprechende Stichwort zur Überweisung („Suchtext“) in das Eingabefeld ein.

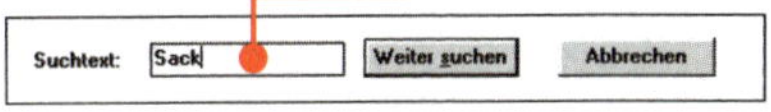

Nach einem Klick auf die Schaltfläche

wird der eingegebene Begriff gesucht und kurz darauf dargestellt.

Um die Suche zu beenden, klicken Sie auf die Schaltfläche

.

6 Mit einem Klick auf die Schaltfläche

,

gelangen Sie wieder in das Hauptfenster von „Onlinebanking“.

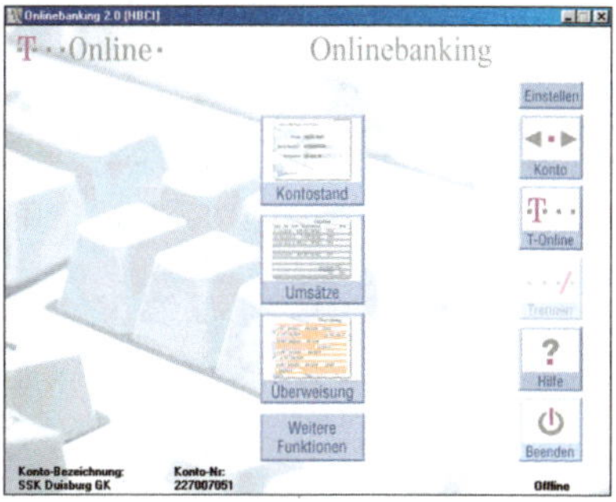

Überweisungen eingeben

Besonders beliebt beim Online-Banking ist die Möglichkeit, Überweisungen von zu Hause aus durchzuführen. Das Programm „Onlinebanking“ stellt Ihnen hierzu einen elektronischen Überweisungsträger zur Verfügung.

1 Starten Sie „Onlinebanking", und wählen Sie das Konto aus, das Sie mit der Überweisung belasten möchten.

2 Klicken Sie im Hauptfenster von „Onlinebanking" mit der linken Maustaste auf das Symbol

.

3 Im Dialogfenster „Überweisung" wird das elektronische Gegenstück zum papiernen Überweisungsformular dargestellt.

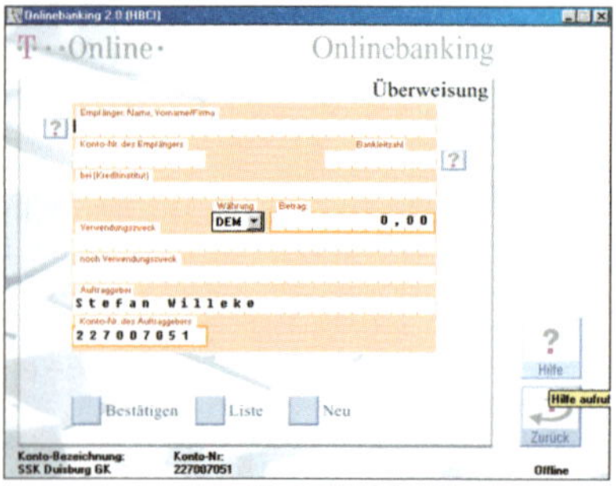

4 Geben Sie in die erste Zeile den Namen des Empfängers ein.

5 Als nächstes folgt die Kontonummer des Empfängers .

6 Im Anschluß an die Kontonummer tippen Sie die Bankleitzahl ein.

Sobald Sie die Bankleitzahl eingegeben haben, sucht „Onlinebanking" automatisch den Namen des Geldinstituts und trägt diesen in das Überweisungsformular ein.

7 Wählen Sie nun die Währung für die Überweisung. Voreingestellt ist zunächst DEM. Wenn Sie die Währung wechseln möchten, klicken Sie mit der linken Maustaste auf den Pfeil neben dem Währungseintrag.

In der geöffneten Währungsliste klicken Sie wiederum mit der linken Maustaste auf den gewünschten Währungseintrag.

8 Tragen Sie jetzt den Überweisungsbetrag ein. Die Einfügemarke befindet sich bereits im entsprechenden Eingabefeld.

9 Schließlich stehen Ihnen noch zwei Zeilen zu je 27 Zeichen für den Verwendungszweck zur Verfügung.

10 Die beiden Felder „Auftraggeber" und „Konto-Nr. des Auftraggebers" sind schon ausgefüllt.

Diese Informationen hat „Onlinebanking" den Daten entnommen, die Sie bereits beim Einrichten des Kontos eingegeben hatten.

11 Wenn Sie alle Felder des Überweisungsformulars ausgefüllt haben, klicken Sie auf die Schaltfläche

.

12 Überprüfen Sie nochmals, ob sich nicht versehentlich ein Tippfehler eingeschlichen hat.

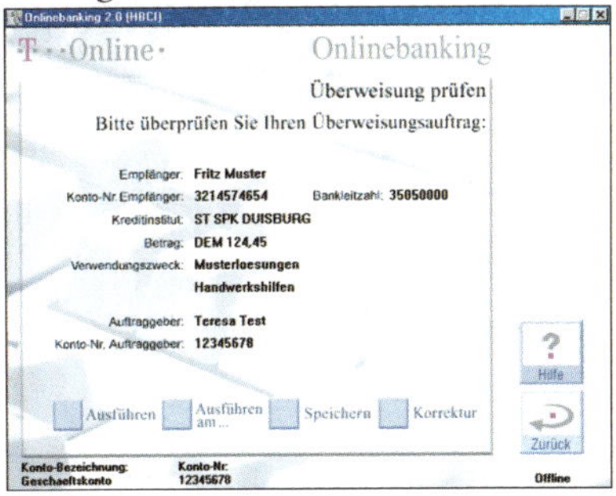

13 Falls Sie einen Fehler entdecken, können Sie diesen im Überweisungsformular korrigieren. Klicken Sie hierzu auf die Schaltfläche

.

14 Ist die Überweisung korrekt, sollten Sie die Eingaben zunächst speichern, damit Sie sie auch noch zu einem späteren Zeitpunkt einsehen können. Klicken Sie hierzu auf die Schaltfläche

.

15 Damit die Überweisung sofort ausgeführt wird, klicken Sie auf die Schaltfläche

.

! Verbindung trennen

Vergessen Sie nicht, die Verbindung zu T-Online wieder zu trennen, nachdem Sie die Überweisung getätigt haben!

Wenn Sie weitere Überweisungen eingeben möchten, klicken Sie statt dessen auf die Schaltfläche

und im Überweisungsformular auf die Schaltfläche

In das nun wieder leere Überweisungsformular können Sie erneut Daten für weitere Überweisungen eingeben. Speichern Sie diese ebenfalls ab, nachdem Sie sie bestätigt haben.

16 Um das Dialogfenster „Überweisung“ zu verlassen, klicken Sie so oft auf die Schaltfläche

,

bis Sie wieder im Hauptfenster angelangt sind.

Terminüberweisungen

Damit Sie in Zukunft anstehende Überweisungen nicht übersehen und im schlimmsten Fall vergessen, können Sie sie schon vorab eingeben und mit einem bestimmten Datum versehen.

1 Füllen Sie das Überweisungsformular aus, wie im vorherigen Abschnitt in den Schritten 1 bis 14 beschrieben.

2 Danach klicken Sie im Dialogfenster „Überweisung prüfen“ auf die Schaltfläche

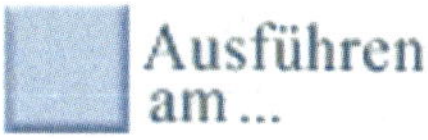

.

3 Im nachfolgenden Dialogfenster geben Sie das Datum ein, zu dem die Überweisung ausgeführt werden soll.

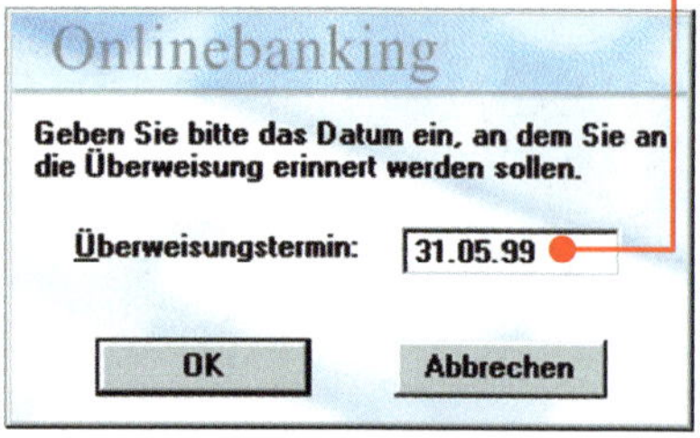

Bestätigen Sie Ihre Eingabe mit einem Klick auf die Schaltfläche

.

4 Anschließend wechseln Sie mit einem Klick auf die Schaltfläche

wieder in das Hauptfenster.

Überweisungen auflisten

Nachdem Sie alle Überweisungen eingegeben haben, können Sie sich eine kurze Übersicht dazu auf den Bildschirm holen.

1 Starten Sie „Onlinebanking“, falls Sie das Programm zwischenzeitlich verlassen haben, und wählen Sie das Konto aus, dessen Überweisungen Sie auflisten möchten.

2 Klicken Sie im Hauptfenster von „Onlinebanking“ mit der linken Maustaste auf das Symbol

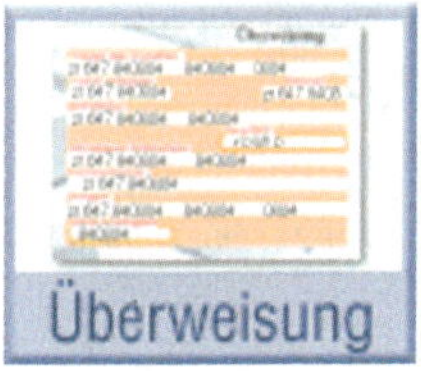

.

3 In die Liste der Überweisungen gelangen Sie mit einem Klick auf die Schaltfläche

.

4 Im Dialogfenster „Liste der Überweisungen“ werden alle Überweisungen angezeigt.

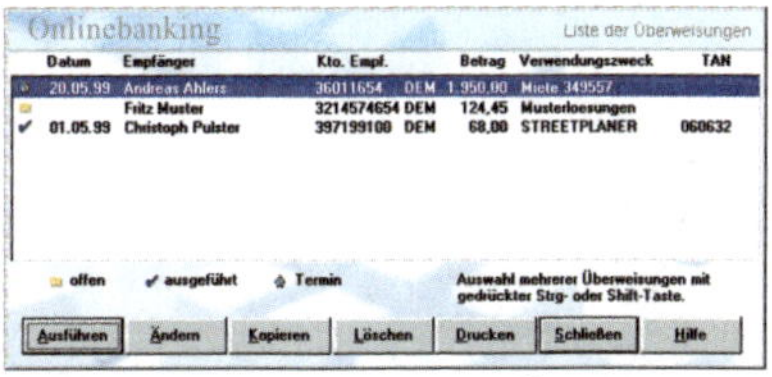

An dem Symbol vor jeder Überweisung können Sie den Status der Überweisung ablesen.

5 Mit einem Klick auf die Schaltfläche

verlassen Sie das Dialogfenster „Liste der Überweisungen“ und gelangen zurück zum Überweisungsformular. Von hier aus erreichen Sie mit einem Klick auf die Schaltfläche „Zurück“ das Hauptfenster.

Überweisungen ausführen

Wenn Sie mehrere Überweisungen gesammelt haben, können Sie diese in einem Rutsch übertragen.

1 Starten Sie „Onlinebanking“, falls Sie das Programm zwischendurch verlassen haben, und wählen Sie das Konto aus, dessen geplante Überweisungen Sie ausführen möchten.

2 Klicken Sie im Hauptfenster von „Onlinebanking“ mit der linken Maustaste auf das Symbol

.

3 Wechseln Sie in die „Liste der Überweisungen“ mit einem Klick auf die Schaltfläche

.

4 Markieren Sie nun alle Überweisungen, die Sie tätigen möchten. Klicken

Sie die erste Überweisung mit der linken Maustaste an. Jede weitere Überweisung müssen Sie mit gedrückter [Strg]-Taste anklicken.

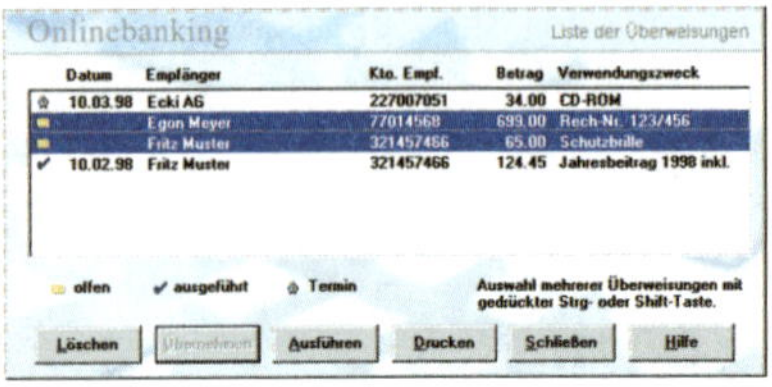

5 Nachdem Sie alle gewünschten Überweisungen markiert haben, klicken Sie auf die Schaltfläche

.

6 Danach bestimmen Sie, ob Sie die Überweisungen als Einzel- oder als Sammelüberweisung ausführen möchten.

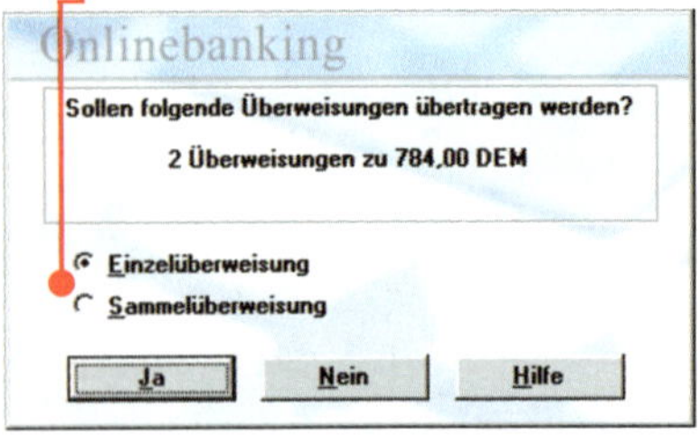

Bestätigen Sie den gewünschten Überweisungsmodus mit

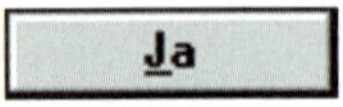

.

7 „Onlinebanking" wählt nun T-Online an und baut eine Verbindung zu Ihrer Bank auf. Sobald die Verbindung zustande gekommen ist, werden die Überweisungen übertragen.

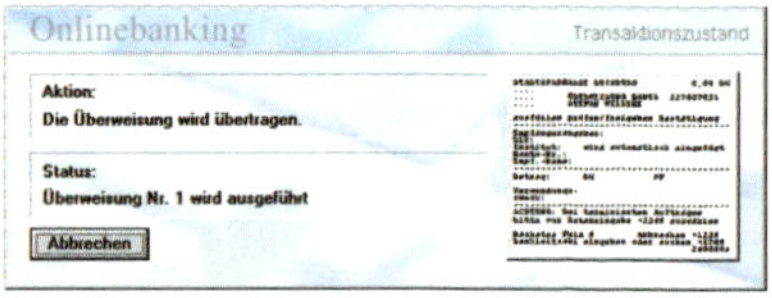

8 Nachdem die Überweisungen übertragen wurden, wird wieder das Dialogfenster „Liste der Überweisungen" dargestellt. Kehren Sie zurück in das Hauptfenster von „Onlinebanking", und trennen Sie die Verbindung zu T-Online.

! Einzel- oder Sammelüberweisung?

Bei „Einzelüberweisung" benötigen Sie für jede Überweisung eine einzelne TAN. Wählen Sie hingegen die Option „Sammelüberweisung", werden alle ausgewählten Überweisungen in einer einzelnen Überweisung zusammengefaßt, die demzufolge auch nur eine einzige TAN benötigt. Auf Ihrem Kontoauszug erscheint in diesem Fall jedoch später auch nur eine einzelne Überweisung, die nicht mehr in einzelne Empfänger unterteilt ist. Damit Sie die einzelnen Überweisungen zu einem späteren Zeitpunkt wieder im Kontoauszug zuordnen können, sollten Sie daher die Option „Einzelüberweisung" wählen.

7 Mit T-Online ins Internet

T-Online bietet nicht nur den Zugang zum eigenen Rechnernetz an. Seit 1995 können Sie über T-Online auch im Internet und im **World Wide Web** surfen. Das hierzu nötige **Protokoll** wird automatisch bei der Anwahl zu T-Online gestartet, so daß Sie beispielsweise innerhalb von T-Online Nachrichten lesen und gleichzeitig eine Datei aus dem Internet übertragen können.

Das Internet stellt mit seinem weltweiten Rechnerverbund eine faszinierende und schier unerschöpfliche Informationsquelle dar.

Grundvoraussetzung für die Nutzung des Internets ist ein **WWW-Browser**. Sämtliche Funktionen und Möglichkeiten der beiden WWW-Browser „Netscape Navigator" und „Microsoft Internet Explorer" zu erörtern, würde den Rahmen dieses Buchs sprengen. Daher werden auf den folgenden Seiten nur die Grundfunktionen des Netscape Navigator erläutert. Wesentlich umfangreichere Informationen zu den beiden WWW-Browsern finden Sie in den ComputerBILD-Taschenbüchern „Internet Explorer - Schritt für Schritt ins Internet" und „Netscape Communicator - Schritt für Schritt ins Internet".

In diesem Kapitel erfahren Sie,
- wie Sie den WWW-Browser starten,
- wie Sie Seiten aufrufen,
- wie Sie schnell auf Ihre Lieblingsseiten zurückgreifen,
- wie Sie schnell durchs Internet navigieren,
- und wie Sie Internet-Seiten ausdrucken.

Kapitel-Wegweiser

WWW-Browser starten

Damit Sie im Internet Seiten abrufen können, müssen Sie zunächst einen WWW-Browser starten. Der WWW-Browser übersetzt den Code der Internet-Seiten in eine Darstellung auf dem Bildschirm.

1 Starten Sie die T-Online-Software, und klicken Sie in der Symbolleiste auf das **Symbol**

.

2 Um den voreingestellten WWW-Browser zu starten, klicken Sie in der Angebotsleiste auf das Symbol

.

Kurz darauf erscheint der WWW-Browser, und die Startseite wird aufgerufen.

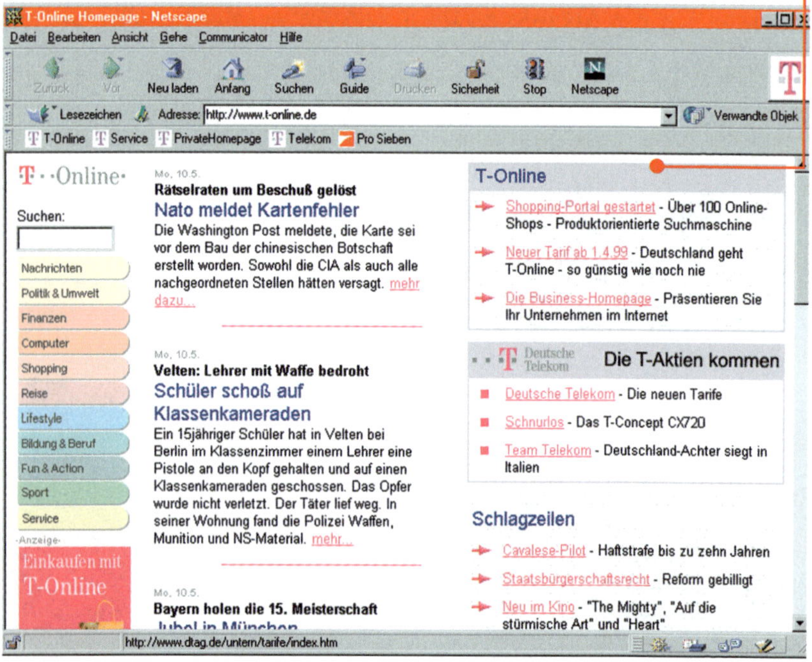

Internet-Seiten aufrufen

Sobald die Verbindung zum Internet steht, können Sie Internet-Seiten aufrufen. Wichtig ist hierbei nur, daß Sie die Adresse der gewünschten Internet-Seite kennen.

1 Klicken Sie mit der linken Maustaste in das Adreßfeld.

Die aktuelle Adresse wird nun markiert, so daß Sie mit der Eingabe des ersten Zeichens die alte Adresse löschen.

2 Tippen Sie die gewünschte Adresse in das **Eingabefeld**

3 Am Ende der Adresse drücken Sie die ⏎-Taste, damit Ihre Daten bearbeitet werden können.

4 Der Browser baut jetzt eine Verbindung zu der angeforderten Seite auf und stellt die Seite auf dem Bildschirm dar.

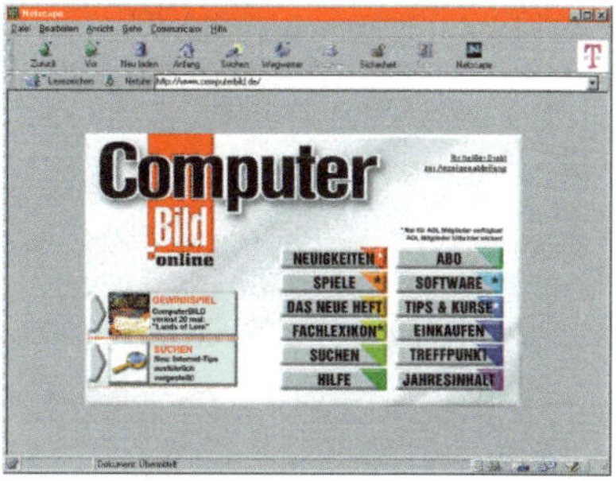

Navigation im Internet

Innerhalb des Internets finden Sie auf vielen Seiten Verweise zu anderen Seiten. Damit Sie die Adresse für die neue Seite nicht jeweils von Hand eingeben müssen, führt ein sogenannter **Hyperlink** zur neuen Seite.

1 Die Verknüpfungen zu anderen Internet-Seiten in Form von Hyperlinks sind innerhalb des Textes farbig und unterstrichen. Sie können einen Hyperlink jedoch auch daran erkennen, daß sich der Mauszeiger beim Überfahren eines Hyperlinks verändert.

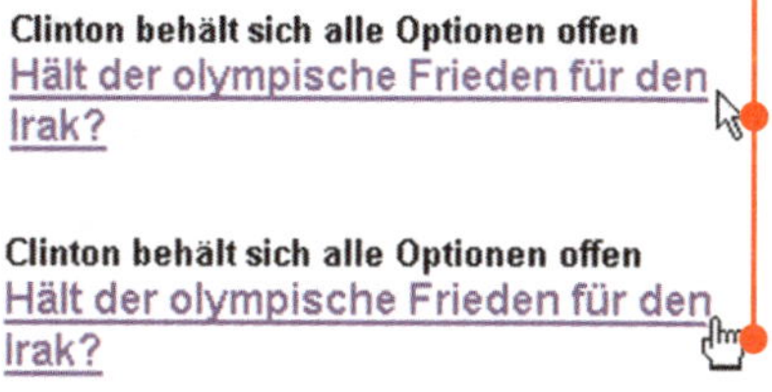

Genauso können Grafiken als Verknüpfung zu anderen Internet-Seiten dienen. Sie erkennen dies ebenfalls an dem veränderten Mauszeiger.

2 Sobald Sie mit der linken Maustaste auf den Hyperlink Ihrer Wahl klicken, wird die dazugehörige Seite aufgerufen.

3 Wenn Sie zur vorherigen Seite zurückkehren möchten, ist es nicht notwendig, die Adresse der Seite erneut einzugeben. Klicken Sie statt dessen in der Symbolleiste des Browsers auf die Schaltfläche

.

4 Ebenso wie Sie zurückspringen, können Sie auch wieder vorwärts springen. Klicken Sie hierzu auf die Schaltfläche

.

5 Falls Sie mehrere Seiten vorwärts oder zurück springen wollen, müssen Sie hierzu nicht x-mal auf die entsprechende Schaltfläche klicken. Klikken Sie statt dessen mit der rechten Maustaste oder aber länger als eine Sekunde mit der linken Maustaste auf das Symbol. Daraufhin erscheint eine Liste mit den zuletzt aufgerufenen Seiten.

! Wohin führt ein Hyperlink?

Auf welche Seite ein Hyperlink verzweigt, können Sie vorab in der Statuszeile ablesen: Positionieren Sie den Mauszeiger auf dem Hyperlink – und die zugehörige Adresse wird sofort dargestellt.

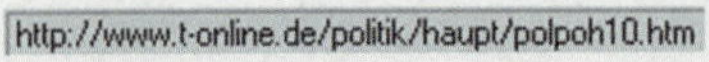

! Vorwärts = zurück-zurück

Der Browser kann natürlich nicht Ihre Gedanken lesen und an eine beliebige Seite vorwärts springen. Vielmehr wird die Seite dargestellt, die Sie vor dem Klick auf die Schaltfläche „Zurück“ aufgerufen haben – der Browser springt also zweimal zurück.

Hier klicken Sie wiederum mit der linken Maustaste auf den gewünschten Eintrag, um diesen erneut darzustellen.

6 Damit Sie wieder an den Anfangspunkt Ihres Streifzugs durch das Internet gelangen, genügt ein Klick mit der linken Maustaste in der Symbolleiste auf das Symbol

.

Lesezeichen verwenden

Sicherlich werden Sie im Internet schnell Ihre Lieblingsseiten ausfindig gemacht haben. Damit Sie zum Aufruf dieser bevorzugten Seiten nicht immer die Internet-Adresse eingeben müssen, können Sie ein sogenanntes Lesezeichen erstellen.

1 Rufen Sie die Seite auf, für die Sie ein Lesezeichen anlegen möchten.

2 Klicken Sie in der Adressen-Symbolleiste mit der linken Maustaste auf das Symbol

.

3 Danach markieren Sie im sich öffnenden Menü den Befehl

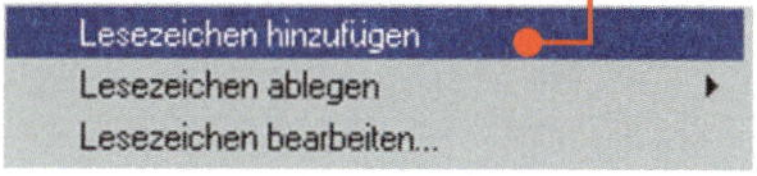

.

4 Der Netscape Navigator speichert nun die Adresse der aktuellen Seite als Lesezeichen. Der Titel der Seite - der auch in der Titelzeile des Netscape-Fensters zu sehen ist - wird als Name für die Adresse gespeichert.

5 Um ein Lesezeichen aufzurufen, klikken Sie wieder mit der linken Maustaste in der Adressen-Symbolleiste auf das Symbol

.

6 Im nachfolgenden Menü brauchen Sie jetzt nur noch im unteren Teil auf den gewünschten Eintrag zu klicken.

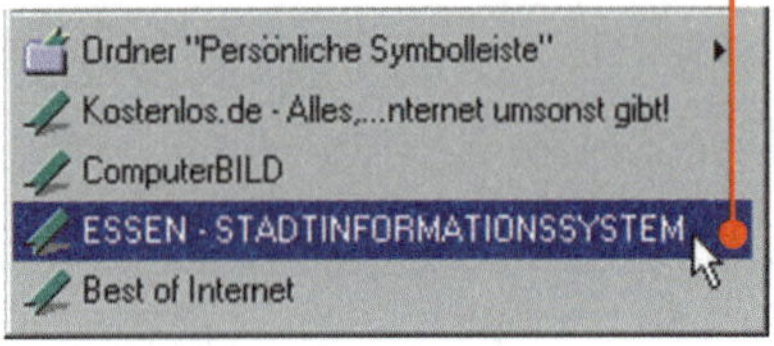

T-Online und andere Online-Dienste

Wenn Sie neben T-Online noch einen oder gar mehrere andere **Online-Dienste** nutzen, kann es zu Problemen mit dem Internet-Zugang kommen. Der Grund liegt in der Verwendung einer Datei mit dem Namen „WINSOCK32.DLL". Diese Datei benötigen alle Anwendungen, die auf das Internet zurückgreifen wollen. Damit sich die verschiedenen Dateien nicht gegenseitig überschneiden und die Nutzung des Internets über T-Online damit unmöglich wird, müssen Sie eine bestimmte Einstellung vornehmen.

1 Klicken Sie mit der linken Maustaste in der **Menüleiste** auf den Eintrag

.

2 Markieren Sie im geöffneten

-Menü den Eintrag

.

3 Danach aktivieren Sie im unteren Bereich die Option

4 Zum Schluß bestätigen Sie die Änderungen mit einem Klick auf die Schaltfläche

.

8 T-Online-Software optimal anpassen

Die Standard-Einstellungen der T-Online-Software sind auf den Durchschnitts-Anwender zugeschnitten. Sie können die T-Online-Software aber auch ganz gezielt Ihren eigenen Wünschen anpassen. So ist es beispielsweise möglich, häufig genutzte Dienste auf die Angebotsleiste zu legen, so daß Sie nicht erst langwierig über den T-Online-Lotsen oder aber die Eingabe einer Seitenzahl zu dem gewünschten Dienst gelangen. Die Angebotsleiste hat jedoch nur Platz für wenige **Symbole.** Die Kurzwahlliste hingegen kann noch mehr Angebote aufnehmen.

Wenn Sie häufig **online** sind und Dienste mit zeitabhängigen Gebühren regelmäßig nutzen, können Sie die jeweiligen Systemhinweise automatisch bestätigen lassen. Und auch der Zugang zum Internet läßt sich optimieren. So können Sie zum Beispiel den vorprogrammierten Konflikt zwischen verschiedenen Zugangsanbietern mit einem kleinen Trick ausschalten.

In diesem Kapitel erfahren Sie,
- wie Sie Ihre Lieblingsangebote auf die Angebotsleiste legen,
- wie Sie die Startseite ändern,
- wie Sie die Kurzwahlliste erweitern,
- wie Sie Änderungen am Zugang zum Internet vornehmen,
- und wie Sie den Zugriff auf KIT-Seiten beschleunigen.

Kapitel-Wegweiser

Angebotsleiste ändern

Die Angebotsleiste stellt zunächst lediglich fünf Dienste zur Verfügung. Sie können die unbelegten Symbole allerdings jederzeit mit den von Ihnen bevorzugten Seiten belegen.

1 Starten Sie die T-Online-Software, und stellen Sie die Verbindung zu T-Online her.

2 Rufen Sie die Seite auf, die Sie in Zukunft über ein Symbol der Angebotsleiste aufrufen möchten.

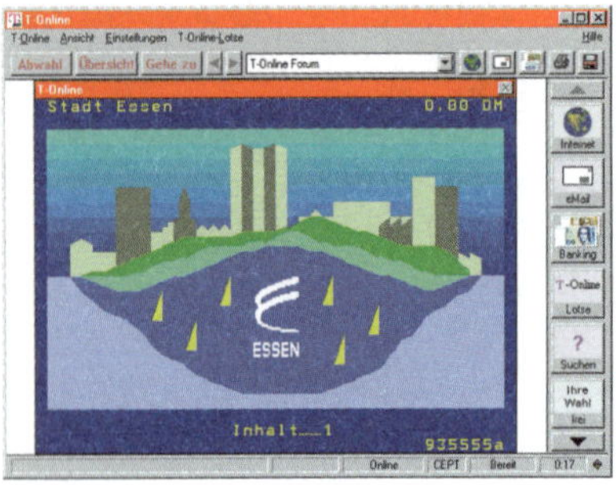

3 Klicken Sie mit der rechten (!) Maustaste auf das Symbol, das Sie mit dieser Seite belegen wollen.

4 Danach markieren Sie im sich öffnenden **Kontextmenü** den Befehl

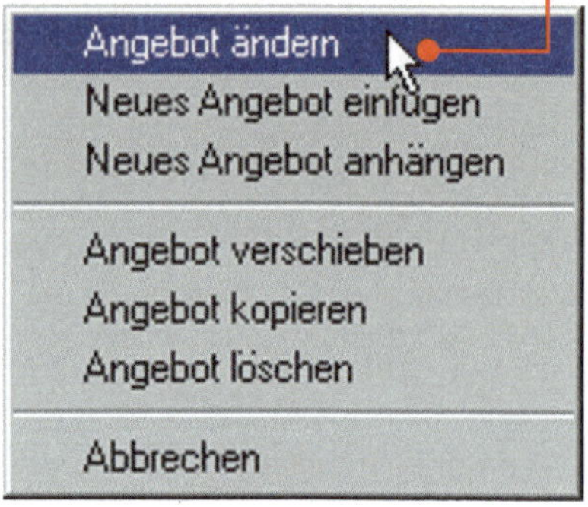

5 Im Dialogfenster

können Sie Ihren Dienst nun verankern. Wenn Sie auf die Schaltfläche

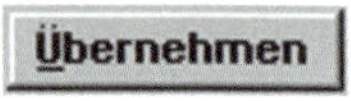

klicken, werden die Daten der aktuellen Seite übernommen.

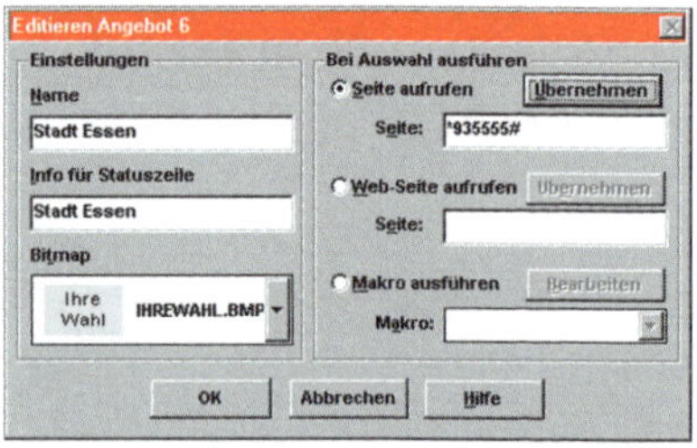

Der Text in den Felder

und

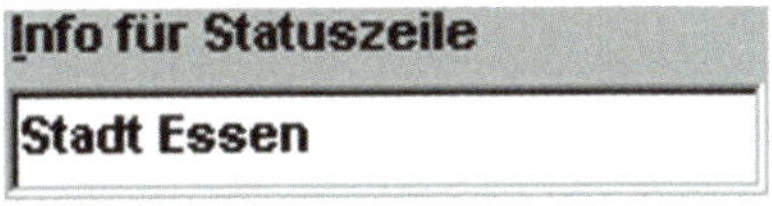

wird hierbei automatisch eingetragen. Sie können den Text selbstverständlich ergänzen oder ersetzen.

6 Möchten Sie dem Symbol ein anderes Logo zuweisen? Sie haben die Wahl zwischen verschiedenen Grafiken.

Klicken Sie mit der linken Maustaste auf den Abwärtspfeil neben der Grafik

Scrollen Sie nun mit der **Bildlaufleiste** durch die zur Verfügung stehenden Grafiken, bis Sie Ihr Lieblingsmotiv gefunden haben. Klicken Sie es mit der linken Maustaste an.

7 Bestätigen Sie Ihre Änderungen mit einem Klick auf die Schaltfläche

Anstelle des zuvor unbelegten Symbols erscheint jetzt das von Ihnen gewählte Symbol, über das Sie per Mausklick direkt zur gewünschten Seite gelangen.

Kurzwahlliste erweitern

Ebenfalls Raum für Ihre Lieblingsseiten bietet die Kurzwahlliste in der Symbolleiste.

1 Rufen Sie die Seite auf, die Sie in die Kurzwahlliste aufnehmen möchten.

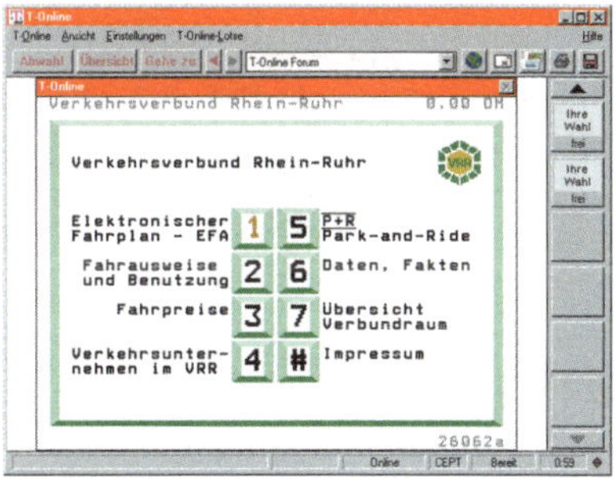

2 Klicken Sie nun mit der rechten (!) Maustaste in die Kurzwahlliste.

3 Im folgenden Dialogfenster

Kurzwahlen editieren

können Sie die Daten der aktuellen Seite übernehmen, so daß Sie die Felder - insbesondere das Feld

Seite: *26062#

- nicht von Hand ausfüllen müssen.

4 Ändern Sie bei Bedarf den Text im Feld

Bezeichnung: Verkehrsverbund Rhein-

und übernehmen Sie den neuen Eintrag mit einem Klick auf die Schaltfläche

Speichern.

5 Nachdem Sie den Eintrag gespeichert haben, verlassen Sie das Dialogfenster

Kurzwahlen editieren

mit einem Klick auf die Schaltfläche

Schließen.

Kurzwahlliste ändern

In der Kurzwahlliste sind bereits einige Einträge zu mehr oder weniger interessanten Angeboten enthalten. Falls Sie einen Kurzwahleintrag nicht mehr benötigen, können Sie ihn jederzeit löschen.

1 Öffnen Sie das Dialogfenster

Kurzwahlen editieren

mit einem Klick auf die rechte (!) Maustaste in die Kurzwahlliste.

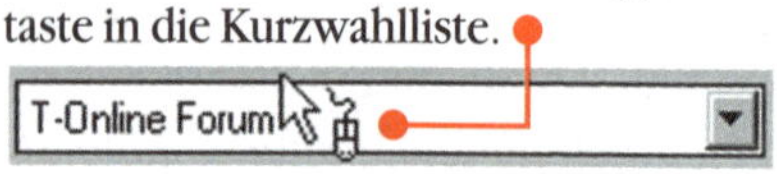

2 Markieren Sie in der Liste der Kurzwahleinträge den Eintrag, den Sie entfernen möchten.

Klicken Sie den Eintrag hierzu mit der linken Maustaste an.

3 Sie entfernen den markierten Eintrag mit einem Klick auf die Schaltfläche

Löschen.

Der Eintrag wird daraufhin ohne Abfrage sofort gelöscht.

4 Wenn Ihnen die Bezeichnung eines Kurzwahleintrags nicht zusagt, können Sie diesen jederzeit ändern. Markieren Sie den gewünschten Eintrag

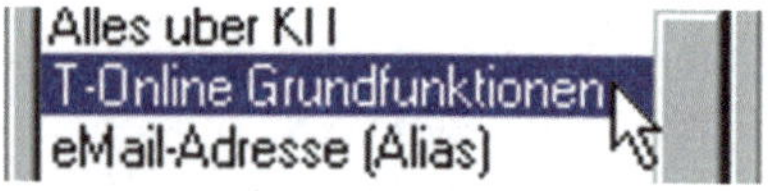

und ändern Sie den Namen im Feld

Bezeichnung: Bedienungsanleitung

5 Sobald Sie nun auf die Schaltfläche

Ändern

klicken, werden die Änderungen übernommen.

6 Verlassen Sie das Dialogfenster

Kurzwahlen editieren

mit einem Klick auf

Schließen.

Automatische Entgeltbestätigung

Wenn Sie häufig online sind, stört es Sie vielleicht, daß Sie öfters Entgelte bestätigen müssen. Das Problem läßt sich ganz einfach lösen: Sie können die Bestätigung von Gebühren automatisieren, so daß das Dialogfenster „Systemmeldung" nicht immer wieder dargestellt wird.

1 Klicken Sie mit der linken Maustaste in der Menüleiste auf den Eintrag

Einstellungen.

2 Markieren Sie im geöffneten

Einstellungen-Menü

den Eintrag

3 Im folgenden Dialogfenster werden alle Entgelte – getrennt nach Zeittakt und Seitenentgelt – aufgeführt, die vom Programm automatisch bestätigt werden können. Zunächst ist diese Liste noch leer.

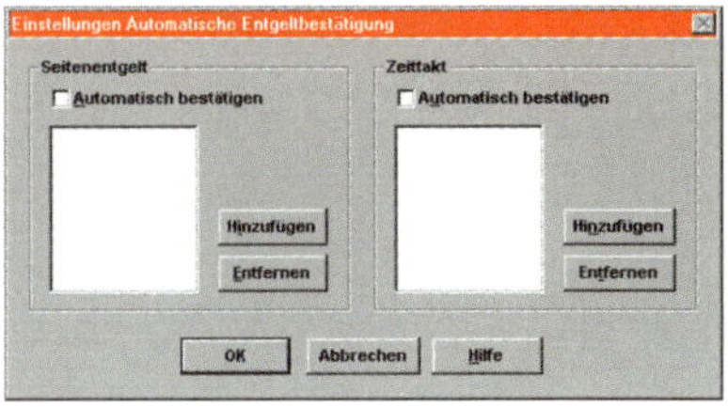

4 Sofern Sie die Systemmeldungen zur Übermittlung Ihrer persönlichen Daten – die einem Betrag von „0,00 DM" entspricht – stets automatisch bestätigen möchten, klicken Sie in der linken Hälfte auf die Schaltfläche

Hinzufügen.

Tippen Sie im sich nun öffnenden Dialogfenster den Betrag ein

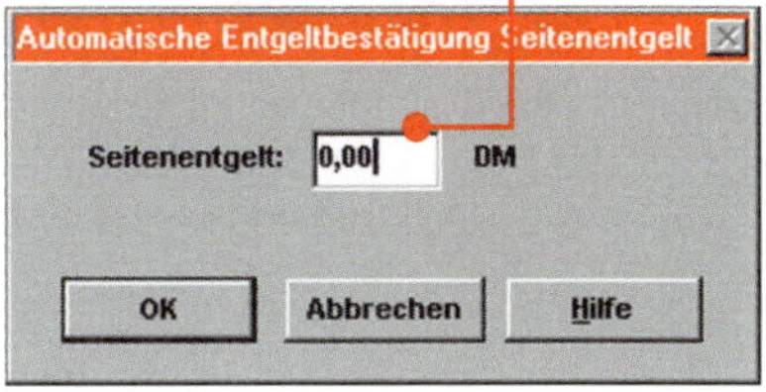

und bestätigen Sie Ihre Eingabe mit **OK**.

5 Der eingetragene Betrag erscheint nun in der Liste der Seitenentgelte.

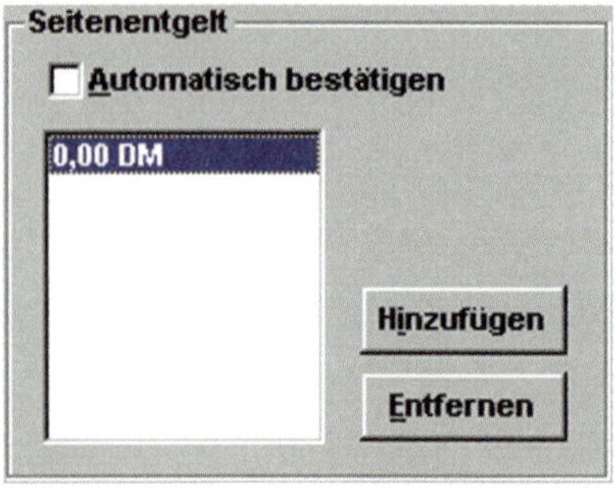

Vorsicht – nur nicht übertreiben

Bedenken Sie bei der Aufnahme von Beträgen in die automatische Entgeltbestätigung, daß Sie in Zukunft nicht mehr über die Kosten eines Angebots informiert werden. Sobald ein Betrag in die Liste aufgenommen worden ist, wird er automatisch bestätigt, und Sie können bestenfalls noch bei **CEPT**-Seiten in der 24. Zeile einen kurzen Blick auf die Anfrage erhaschen.

Absenden DM 0,00?

Nehmen Sie daher nur niedrige Beträge in die automatische Entgeltbestätigung auf, die Sie bei Ihren Trips durch T-Online besonders häufig im „Lesefluß" unterbrechen.

Damit die T-Online-Software die Systemmeldung selbständig bestätigt, müssen Sie das **Kontrollkästchen**

☑ **Automatisch bestätigen**

aktivieren. Klicken Sie hierzu mit der linken Maustaste in das Kontrollkästchen.

6 Fügen Sie bei Bedarf weitere Beträge in die Liste ein, und verlassen Sie das Dialogfenster mit einem Klick auf die Schaltfläche **OK**.

Startseite festlegen

Standardmäßig wird nach dem Verbindungsaufbau zu T-Online der T-Online-Lotse dargestellt. Sie können jedoch auch jede andere Seite als Startseite wählen.

1 Stellen Sie die Verbindung zu T-Online her, und navigieren Sie auf die Seite, die Sie als neue Startseite festlegen möchten.

2 Klicken Sie mit der linken Maustaste in der Menüleiste auf den Eintrag **Einstellungen**.

3 Markieren Sie im geöffneten **Einstellungen**-Menü den Befehl

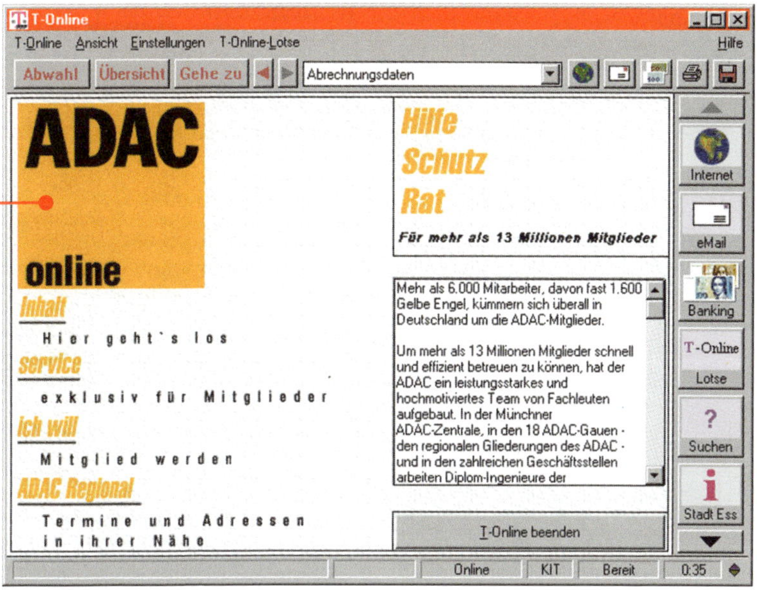

Grundeinstellungen...
Internet...

4 Anschließend klicken Sie im Dialogfenster

Einstellungen

mit der linken Maustaste auf die Schaltfläche

Startseite/Startmakro

5 Jetzt legen Sie die aktuelle Seite als Startseite fest, indem Sie auf die Schaltfläche

Übernehmen

klicken. Die Seitennummer der aktuellen Seite wird daraufhin als Startseite übernommen.

Seite aufrufen Seite: *20355#

6 Bei der nächsten Anwahl von T-Online wird nun automatisch die von Ihnen gewählte Seite als Startseite dargestellt.

7 Verlassen Sie das Dialogfenster

Einstellungen

mit einem Klick auf die Schaltfläche

OK.

Kosten-Notbremse

Wenn Sie T-Online benutzt, jedoch vergessen haben, die Verbindung wieder zu trennen, so können hierdurch hohe Kosten entstehen. Damit diese unnötigen Gebühren kein allzu großes Loch in Ihr Budget reißen, können Sie ein Zeitlimit vorgeben, nach dem die T-Online-Software die Verbindung zu T-Online automatisch trennt, wenn Sie keine Aktionen vornehmen.

1 Klicken Sie mit der linken Maustaste in der Menüleiste auf den Eintrag

Einstellungen.

2 Wählen Sie im geöffneten

Einstellungen-Menü

den Befehl

Grundeinstellungen...
Internet...

3 Aktivieren Sie im Dialogfenster

Einstellungen

das Kontrollkästchen

☑ Automatische Abwahl nach
15 Minuten Inaktivität

4 Falls Ihnen der vorgegebene Zeitraum von 15 Minuten Inaktivität zu groß erscheinen sollte, können Sie hier einen anderen Wert eingeben.

5 Minuten Inaktivität

5 Bestätigen Sie Ihre Änderungen mit einem Klick auf die Schaltfläche

OK.

Zugriff auf KIT-Seiten beschleunigen

KIT-Seiten sind aus vielen einzelnen Dateien zusammengesetzt. Beim Aufruf einer KIT-Seite werden diese von T-Online an Ihren Rechner übertragen. Damit diese Dateien nicht bei jedem Aufruf erneut heruntergeladen werden müssen, werden sie auf Ihrer Festplatte gespeichert. Wenn Sie KIT-Seiten oft aufrufen, können Sie den Zugriff auf diese Seiten beschleunigen, indem Sie den zur Verfügung stehenden Platz für die KIT-Dateien auf Ihrer Festplatte erweitern.

1 Klicken Sie mit der linken Maustaste in der Menüleiste auf den Eintrag

Einstellungen.

2 Wählen Sie im geöffneten

Einstellungen-Menü

den Befehl

eMail...
KIT...
CEPT

3 Danach aktivieren Sie im Dialogfenster

Einstellungen KIT

das Kontrollkästchen

☑ Speichermanager aktivieren.

4 Um die Cache-Größe zu erweitern, klicken Sie nun in das **Eingabefeld** und tragen einen neuen Wert ein.

Wieviel Cache ist nötig?

Wieviel Cache-Speicher Sie benötigen, hängt davon ab, wie häufig Sie KIT-Seiten abrufen. Sie können jedoch jederzeit überprüfen, wieviel Speicherplatz die bisherigen Dateien im Cache einnehmen: Wenn Sie auf die Schaltfläche

Aktuelle Größe

klicken, wird der belegte Speicherplatz berechnet. Ist der Wert nahe dem der Cache-Größe, sollten Sie die Cache-Größe erweitern.

Cachegröße 8 MByte

5 Bestätigen Sie die Änderungen mit einem Klick auf die Schaltfläche

OK.

Was ist eigentlich ...

Anbieter

Anbieter bei T-Online sind Firmen, die Inhalte innerhalb von T-Online zur Verfügung stellen. Für den Zugang zu dem jeweiligen Angebot werden hierbei oftmals zusätzliche Gebühren erhoben.

Arbeitsspeicher

Der Arbeitsspeicher – auch RAM (Random Access Memory – flüchtiger Arbeitsspeicher) genannt – ist neben dem Prozessor ein wichtiges Hauptelement des Computers. Die Größe des RAM entscheidet mit darüber, wie schnell Sie mit Ihrem Computer und den darauf installierten Programmen arbeiten können. Ein Computer mit Windows 95 sollte mit mindestens 16 Megabyte RAM ausgestattet sein.

Bildlaufleiste

Sobald sich der Inhalt eines Fensters nicht mehr vollständig darstellen läßt, werden am rechten und unteren Bildschirmrand des Fensters Bildlaufleisten eingeblendet. Ein Klick mit der linken Maustaste auf die äußeren Pfeile der Bildlaufleiste verschiebt den Inhalt des Fensters zeilenweise. Sie können jedoch auch mit der linken Maustaste auf das Rechteck innerhalb der Bildlaufleiste klicken und dieses bei gedrückter Maustaste auf- oder abwärtsschieben, um einen größeren Abstand zu überwinden.

Was ist eigentlich ...

Browser

Alle Programme, mit denen Sie World-Wide-Web-Seiten darstellen können, werden Browser (sprich: *Brauser*) genannt. Die beiden bekanntesten und am weitesten verbreiteten Browser sind der „Netscape Navigator“ und der „Internet Explorer“ von Microsoft.

CAPI-Treiber

Der CAPI-Treiber übernimmt die Kommunikation zwischen ISDN-Karte und Computer. Der Vorteil des CAPI-Treibers (Common-ISDN-Application Programming Interface) liegt in der universellen Verwendbarkeit für Programmhersteller und Gerätehersteller. Während für Modems unterschiedliche Treiber benötigt werden, die zumeist von den Programmherstellern in die Programme integriert werden müssen, ist der CAPI-Treiber standardisiert. Die Programmhersteller setzen bei der Kommunikation zwischen Programm und ISDN-Karte lediglich auf den standardisierten CAPI-Treiber, der vom Gerätehersteller mit der ISDN-Karte ausgeliefert wurde.

CD-ROM

CD-ROMs sind CDs speziell für den Computer. Im Gegensatz zur herkömmlichen Audio-CD können CD-ROMs nicht nur Musik enthalten, sondern auch Daten wie Programme, Bilder, Texte und Videos. Der Bestandteil „ROM“ (Read Only Memory –

Was ist eigentlich ...

Nur-Lese-Speicher) im Namen weist darauf hin, daß CD-ROMs nur gelesen, nicht jedoch beschrieben werden können.

CEPT

CEPT steht innerhalb von T-Online für den alten BTX-Standard, der eine Standardseitengröße von 24 Zeilen mit je 40 Zeichen vorsieht. Außerdem gehören eine Auflösung von 480x240 Punkten und die Verwendung einer Farbpalette mit 4 096 Farben zur Norm.

Download

Als Download (sprich: *daunlot*) wird das Übertragen von Dateien – beispielsweise Shareware-Programmen – über die Telefonleitung auf einen Rechner bezeichnet.

Eingabefeld

In Eingabefeldern tippen Sie Daten ein, die ein Befehl oder eine Funktion für die Ausführung benötigt.

E-Mail

Als E-Mail (sprich: *iimeyl*) wird elektronische Post bezeichnet, eine der wichtigsten Funktionen von Online-Diensten. Elektronische Post

Was ist eigentlich ...

besteht aus Textmitteilungen, die über eine Netzwerkverbindung zwischen Netzwerkteilnehmern ausgetauscht werden. Dies kann sowohl innerhalb eines (kleinen) abgeschlossenen firmeninternen Netzwerks, als auch innerhalb des weltweiten Internets geschehen.

E-Mail-Adresse

Nahezu jeder Teilnehmer im Internet verfügt über seine eigene E-Mail-Adresse. Wenn Sie die E-Mail-Adresse eines Internet-Teilnehmers kennen, können Sie ihm einen elektronischen Brief – eine sogenannte E-Mail – schreiben. Die E-Mail-Adresse ähnelt vom Prinzip der klassischen Postadresse, die ebenfalls weltweit einmalig ist. E-Mail-Adressen sind jedoch wesentlich kürzer als Postadressen; sie weisen stets das Format *name@domain.xyz* auf, zum Beispiel *StWilleke@t-online.de.*

Freeware

Die Bezeichnung Freeware (sprich: *friiwer*) steht für Programme, die Sie für private Zwecke unentgeltlich nutzen dürfen.

HTML

HTML (Hypertext Markup Language) ist eine Textauszeichnungssprache, die für

Was ist eigentlich ...

den Aufbau von Seiten im Internet verwendet wird. HTML-Seiten lassen sich für gewöhnlich nur mit speziellen Browsern darstellen.

Hyperlink

Ein Hyperlink (sprich: *Haiperlink*) ist eine Verknüpfung zwischen mehreren Dokumenten. Dadurch können Sie rasch zu Textpassagen auf anderen Seiten oder Dokumenten „springen", ohne das gesamte Dokument durchlesen zu müssen. Hyperlinks sind vor allem aus dem Internet bekannt, finden sich aber auch innerhalb von T-Online auf KIT-Seiten.

EC-Karten: Großbanken kooperieren
Gebührenfreie Geldautomaten
Kunden der größten deutschen Privatbanken können zukünftig die Geldautomaten aller fünf Banken gebührenfrei nutzen.

Installation

Bei der Installation eines Programms werden alle benötigten Daten von CD-ROM oder Diskette auf die Festplatte des Computers übertragen. Gleichzeitig wird das Programm angemeldet, und wichtige Einstellungen werden vorgenommen. Die meisten Installationsprogramme starten nach dem Einlegen der CD-ROM in das Laufwerk und dem Schließen der Schublade.

Internet

Das Internet ist ein weltweiter Verbund von Computern, die Daten über Stand- und Telefonleitungen austauschen. Die

Was ist eigentlich ...

meisten Computer im Internet sind Bestandteil öffentlicher Einrichtungen wie Bibliotheken oder Forschungsinstituten. Über den Computerverbund können Sie Informationen laden, aber auch elektronische Post verschicken und empfangen.

ISDN

Als ISDN ("Integrated Services Digital Network" – Digitales Netz für alle Telekommunikations-Dienste") wird das moderne digitale Telefonnetz bezeichnet, das durchgehend digital arbeitet. Hierdurch sind Telefonate mit hoher Qualität möglich, bei denen die Datenübertragung mit einer Geschwindigkeit bis zu 64000 Bit pro Sekunde erfolgt.

ISDN-Karte

Eine ISDN-Karte ist eine Zusatzkarte für Ihren PC, mit der über ISDN-Leitungen Daten übertragen werden können. ISDN-Leitungen eignen sich hervorragend zur Datenübertragung, da hierüber die schnellsten Verbindungen möglich sind.

KIT

KIT ist der neue Standard innerhalb von T-Online und steht für „Kernsoftware für intelligente Terminals". KIT-Seiten enthalten grafische Elemente und werden mit der Maus bedient.

Kontextmenü

Mit einem Klick auf die rechte Maustaste

Was ist eigentlich ...

öffnen Sie das Kontextmenü. Kontextmenüs enthalten je nach Position des Mauszeigers während des Mausklicks situationsbezogene Befehle und Funktionen.

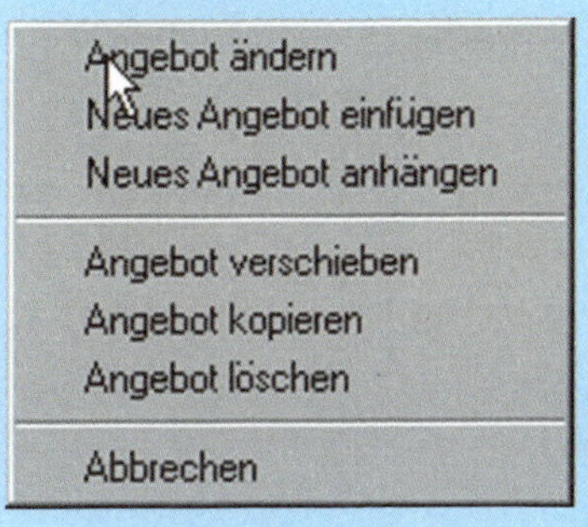

Kontrollkästchen

In einigen Dialogfenstern können Sie Einstellungen an- und abwählen. Sobald Sie ein Kontrollkästchen aktivieren, wird dieses mit einem Kontrollhäkchen versehen.

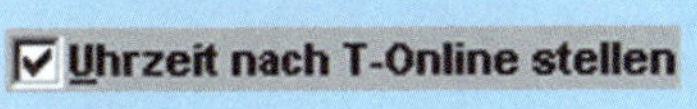

Modem

Das Wort Modem ist ein Kunstwort, zusammengesetzt aus den beiden Wörtern *Mo*dulator und *Dem*odulator. Ein Modem wandelt die digitalen Daten des Computers in analoge Signale um, die dann über eine Telefonleitung zu einem anderen Computer übertragen werden. Die Gegenstation wandelt die eingehenden analogen Signale wieder in digitale Daten um.

Was ist eigentlich ...

Menüleiste

Die Menüleiste befindet sich in nahezu jedem Windows-Programm unterhalb der Titelleiste. In den einzelnen Menüs sind die Befehle und Funktionen zumeist themenbezogen aufgeführt.

Offline

Offline (sprich: *offlein*) ist ein PC, der gerade keine aktive Verbindung über ein Netzwerk oder die Telefonleitung zu einem anderen Rechner besitzt.

Online

Online (sprich: *onlein*) ist das Gegenteil von „offline". Wenn zwei Rechner über ein Netzwerk oder eine Telefonleitung miteinander verbunden sind, beispielsweise nach der Anwahl von T-Online, spricht man von „online".

Online-Banking

Online-Banking (sprich: *onlein-bängking*) oder auch Home-Banking (sprich: *houm-bängking*) bedeutet, daß Sie Ihre Bankgeschäfte vom heimischen PC aus über die Telefonleitung erledigen können. Mittlerweile bieten nahezu alle Banken Online-Banking an.

Was ist eigentlich ...

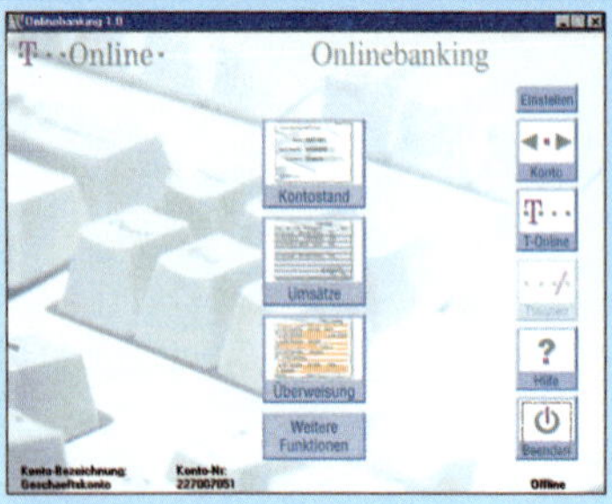

Online-Dienst

Online-Dienste wie T-Online, AOL oder CompuServe verfügen über einen Rechnerverbund mit einer zentralen Verwaltung, auf dem eigene Inhalte nur für Mitglieder zur Verfügung gestellt werden. Zusätzlich ermöglichen sie einen Zugang ins Internet.

Optionsfeld

In Optionsfeldern können Sie immer nur eine der angebotenen Möglichkeiten auswählen. Klicken Sie mit der linken Maustaste auf die gewünschte Option.

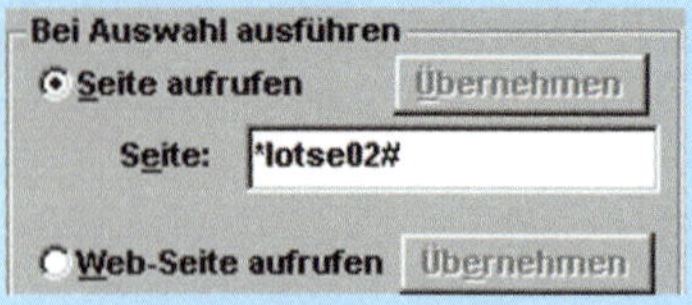

Ordner

Die Daten auf der Festplatte sind in einzelne Ordner gespeichert.
In anderen Betriebssystemen werden Ordner auch Verzeichnisse genannt. Befinden sich innerhalb eines Ordners

Was ist eigentlich ...

weitere Ordner, werden diese als Unterordner bezeichnet.

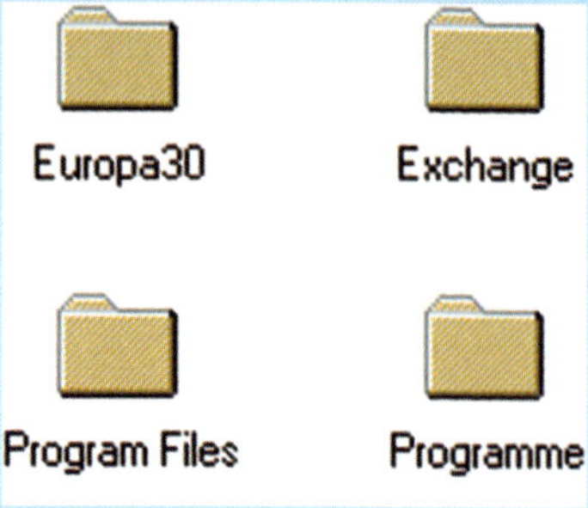

PIN

PIN steht für "Persönliche Identifikationsnummer", mit der Sie sich beim Online-Banking als Kontoinhaber ausweisen.

Protokoll

Ein Protokoll regelt die Art und Weise des Datenaustauschs zwischen zwei oder mehreren Rechnern. Damit der Datenaustausch funktioniert, müssen alle beteiligten Rechner mit demselben Protokoll arbeiten.

Prozessor

Die zentrale Recheneinheit des Computers wird als Prozessor bezeichnet. Hier werden fast alle Berechnungen des Computers durchgeführt.
Gängige Prozessoren sind Intels Pentium (MMX), Pention Pro und Pentium II.

Was ist eigentlich …

Registerkarte

Oftmals stehen in einem Dialogfenster mehrere Seiten mit Einstellungsmöglichkeiten zur Verfügung. Die von Ihnen benötigte Seite können Sie über kleine Felder am oberen Fensterrand auswählen. Diese Felder ähneln den Aufsteckern an „echten" Karteiregistern.

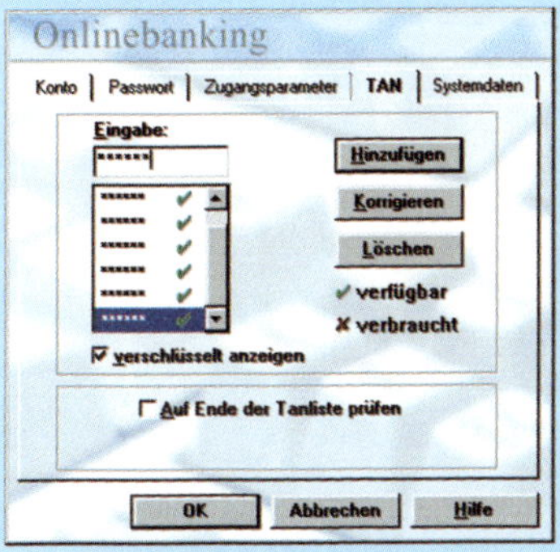

Scrollen

Als Scrollen wird der Vorgang bezeichnet, bei dem Sie mit der Maus oder den Cursor-Tasten den dargestellten Text in der Anzeige nach oben, unten, rechts oder links verschieben, um bisher nicht dargestellten Text sichtbar zu machen.

Serielle Schnittstelle

Die Schnittstellen verbinden Ihren Computer mit externen Geräten, beispielsweise dem Drucker, der Maus oder dem Modem.
Die Daten werden über eine serielle

Was ist eigentlich …

Schnittstelle nacheinander übertragen – im Gegensatz zur parallelen Schnittstelle, auf der mehrere Daten gleichzeitig nebeneinander übertragen werden können.

Server

Ein Server ist der Zentralrechner in einem Netzwerk. Andere Rechner können Verbindung zum Server aufnehmen und auf die dort abgelegten Daten zurückgreifen.

Shareware

Shareware-Programme (sprich: *Scherwer*) sind Programme, die Sie für einen bestimmten Zeitraum kostenlos testen dürfen. Sobald Sie ein Shareware-Programm regelmäßig nutzen möchten, müssen Sie sich beim Programmierer registrieren lassen und eine Registrierungsgebühr zahlen. Dafür erhalten Sie die Vollversion des Programms. Um den Anwendern einen Anreiz zur Registrierung zu geben, bauen viele Programmierer von Shareware-Programmen kleine Stolpersteine in ihre Programme ein. So werden beispielsweise in kurzen Abständen Hinweisbildschirme auf die Registrierung eingeblendet, was auf die Dauer sehr lästig sein kann, oder aber es fehlen einige Funktionen. In der registrierten Vollversion des Programms erscheinen diese Hinweise dann nicht mehr, und alle Funktionen sind enthalten.
Der Vorteil von Shareware liegt auf der

Was ist eigentlich ...

Hand: Sie können das Programm zunächst testen, ohne sich hierfür in Unkosten stürzen zu müssen. Kommerzielle Software hingegen müssen Sie erst bezahlen, bevor Sie sie einsetzen können.

Signatur

Als Signatur wird die „Unterschrift" unter einer E-Mail bezeichnet. Im Gegensatz zu papiernen Briefen ist die Signatur in E-Mails meist wesentlich lockerer und nicht selten auch mit flotten Sprüchen und Zeichnungen versehen.

Smiley

Smileys (sprich: *smailiis*) sind Zeichenfolgen, die – wenn man sie um 90 Grad dreht – wie Gesichter aussehen. Smileys werden in Texte eingefügt, um ironische Kommentare oder Stimmungslagen darzustellen, die ansonsten nicht ohne weiteres erkannt werden würden. Das Urbild aller Smileys ist das lachende Gesicht :–)

Start-Menü

Sobald Sie mit der linken Maustaste auf das Symbol

am unteren Bildschirmrand in der Task-Leiste klicken, erscheint das Start-Menü. Hier sind die Menüs für Programmaufrufe, Dokumente, Einstellungen, die Hilfe und Suchfunktionen enthalten.

Was ist eigentlich ...

Statusleiste

In der Statusleiste am unteren Rand des T-Online-Fensters können Sie eventuell anfallende Zeittakte, den Darstellungsmodus oder auch die verbrachte Online-Zeit ablesen.

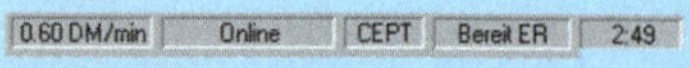

Symbol

Symbole sind im Prinzip nichts anderes als bildlich dargestellte Befehle. Welcher Befehl einem Symbol zugeordnet ist, erfahren Sie aus der QuickInfo-Anzeige: Positionieren Sie den Mauszeiger auf einem Symbol, und bewegen Sie den Mauszeiger für einige Sekunden nicht.

Was ist eigentlich ...

TAN

TANs (Transaktionsnummern) dienen als Sicherheitsnachweis beim Online-Banking und entsprechen Ihrer Unterschrift auf einer herkömmlichen Überweisung. Im Gegensatz zur Unterschrift ist eine TAN jedoch stets nur für eine Überweisung gültig und verfällt danach.

T-Online-Seiten

Die Angebote der Anbieter sind in Seiten aufgeteilt. T-Online-Seiten können mit einem Entgelt zwischen 1 Pfennig und 9,99 Mark pro Abruf belegt werden. Zur eindeutigen Identifizierung sind alle T-Online-Seiten mit einer einmaligen, bis zu 16 Stellen langen Seitennummer versehen. Über *Seitennummer# können Sie eine T-Online-Seite direkt aufrufen.

Was ist eigentlich ...

Treiber

Als Treiber wird ein kleines Programm bezeichnet, das zwischen einem angeschlossenen Geräte oder einer in den Rechner eingesteckten Karte und dem Betriebssystem vermittelt. Da die Geräte verschiedener Hersteller nicht über die gleichen Funktionen verfügen, benötigen Sie für jedes Gerät einen eigenen Treiber. Bereits beim Kauf des Computers sollten die Treiber für die enthaltenen Komponenten auf Diskette und/oder CD mitgeliefert werden.

World Wide Web

Das World Wide Web (sprich: *Wörld Weid Web*) – kurz auch als WWW oder einfach nur Web bezeichnet – ist der bekannteste Teilbereich des Internets. Besonderes Merkmal des WWW ist die aufwendige grafische, teilweise auch multimediale Aufbereitung der angebotenen Informationen.

Stichwortverzeichnis

KNISTERNDE SPANNUNG VOM SPEZIALISTEN FÜR DAS PERFEKTE VERBRECHEN

**Vorsicht explosiv:
Der neue Hewson**

Kalifornien, Mitte der neunziger Jahre: eine Gruppe ehemaliger Studenten sieht sich plötzlich mit ihrer fast vergessenen geheimen Geschichte konfrontiert, die sie vor zwanzig Jahren unwiderruflich miteinander verband und heute zu ihrer aller Schicksal wird.

David Hewson
Epiphanias
Roman, 624 Seiten
gebunden, DM 48,–
ISBN 3-550-08277-0

David Hewson
Semana Santa
Roman, 480 Seiten
gebunden, DM 48,–
ISBN 3-550-08239-8
Auch als Taschenbuch erhältlich:
DM 16,90, 3-548-24562-5

Schon gelesen?

ULLSTEIN

Bestellen Sie Computenz!

Unser uncompliziertes Abo-Angebot: COMPUTER BILD zum günstigen Jahresabo-Preis von 70,20 DM inkl. Zustellung oder zum vergünstigten Schüler-, Auszubildenden- und Studententarif von 57,20 DM. Coupon ausgefüllt abschicken an dsb ABO-Betreuung GmbH, 74168 Neckarsulm, oder faxen an 018 05/98 88 89 (0,24 DM/Min.). Das Jahresabo ist jederzeit kündbar, zuviel gezahlte Abo-Gebühren werden jederzeit wieder zurückerstattet.

Computer Bild

Widerrufsgarantie: Diese Bestellung kann ich innerhalb einer Frist von 10 Tagen ab Bestelldatum bei der dsb ABO-Betreuung GmbH, 74168 Neckarsulm, schriftlich widerrufen. Zur Wahrung der Frist genügt die rechtzeitige Absendung des Widerrufs.

Klar, ich will die nächsten Ausgaben von COMPUTER BILD zum günstigen Jahresabo-Preis von 70,20 DM (Schüler, Studenten und Auszubildende zahlen 57,20 DM; eine Kopie meines gültigen Ausweises lege ich bei) inkl. Zustellung. Das Jahresabo ist jederzeit kündbar, zuviel gezahlte Abo-Gebühren werden zurückerstattet. Dieses Angebot ist nur in Deutschland gültig.

Vorname / Name

Straße / Nr.

PLZ / Wohnort

Ich bin damit einverstanden, daß Sie mich telefonisch ansprechen.

Telefon / Datum / Unterschrift

Ich zahle: ☐ per Bankeinzug ☐ gegen Rechnung

905685

Kontonummer BLZ Geldinstitut

Bitte keine Vorauszahlung, Rechnung abwarten! • Widerrufsgarantie: Diese Bestellung kann ich innerhalb einer Frist von 10 Tagen ab Bestelldatum bei der dsb ABO-Betreuung GmbH, 74168 Neckarsulm, schriftlich widerrufen. Zur Wahrung der Frist genügt die rechtzeitige Absendung des Widerrufs. Ich bestätige die Kenntnisnahme des Widerrufsrechts durch meine 2. Unterschrift:

SPANNUNG VOM FEINSTEN:
DEAN R. KOONTZ

Fast zwanzig Jahre hat Laura den mysteriösen Fremden nicht mehr gesehen, der seit ihrer Geburt wie ein Schutzengel über ihr Leben wacht. Bis er eines Abends schwerverwundet vor ihrer Tür liegt...

Dean R. Koontz
Der Schutzengel
544 Seiten
DM 16,90
3-548-24564-1

Frank Pollard wacht mitten in der Nacht zwischen Müllcontainern auf. Blut klebt an seinen Händen. Doch er kann sich an nichts erinnern.

Dean R. Koontz
Ort den Grauens
560 Seiten
DM 16,90
3-548-24577-3

Schon gelesen?
ULLSTEIN

Copyright 1998 by Ullstein Buchverlage GmbH, Berlin
Alle Rechte vorbehalten
Lektorat: Susanne Kranz
Umschlaggestaltung: Volkmar Schwengle/BuW, Berlin
Fotos: Bavaria Bildagentur
Satz: LVD GmbH, Berlin
Druck und Weiterverarbeitung: Clausen & Bosse, Leck
Printed in Germany
ISBN 3-548-41143-6

Gedruckt auf alterungsbeständigem Papier
mit chlorfrei gebleichtem Zellstoff

Die Deutsche Bibliothek – CIP-Einheitsaufnahme

T-Online – kompakt und verständlich /
Prinz & Willeke. – überarbeitete Auflage
Berlin: Ullstein, 1998 (ComputerBild)
ISBN 3-548-41143-6